基督教文化研究丛书

主编 何光沪 高师宁

九编 第20册

传真道于中国
——赫士及华北神学院百年纪念文集（第五册）

刘平、赵曰北 主编

花木兰文化事业有限公司

国家图书馆出版品预行编目资料

传真道于中国——赫士及华北神学院百年纪念文集（第五册）
／刘平、赵曰北 主编 -- 初版 -- 新北市：花木兰文化事业有
限公司，2023〔民112〕
256面；19×26公分
（基督教文化研究丛书 九编 第20册）
ISBN 978-626-344-235-1（精装）
1.CST：神学教育 2.CST：文集 3.CST：中国
240.8 111021875

ISBN-978-626-344-235-1
9 786263 442351

基督教文化研究丛书
九编 第二十册 ISBN：978-626-344-235-1

传真道于中国

——赫士及华北神学院百年纪念文集（第五册）

本册主编 刘平、赵曰北
主　　编 何光沪、高师宁
执行主编 张　欣
企　　划 北京师范大学基督教文艺研究中心
总 编 辑 杜洁祥
副总编辑 杨嘉乐
编辑主任 许郁翎
编　　辑 张雅淋、潘玟静　美术编辑 陈逸婷
出　　版 花木兰文化事业有限公司
发 行 人 高小娟
联络地址 台湾235 新北市中和区中安街七二号十三楼
　　　　 电话：02-2923-1455／传真：02-2923-1452
网　　址 http://www.huamulan.tw 信箱 service@huamulans.com
印　　刷 普罗文化出版广告事业
初　　版 2023年3月
定　　价 九编20册（精装）新台币56,000元

传真道于中国

——赫士及华北神学院百年纪念文集（第五册）

刘平、赵曰北 主编

基督降世一九二四年

羅馬書註釋

美教士赫士譯著

中華民國十三年甲子
上海廣學會出版

序

茫茫苦海芸芸衆生孰無過犯孰無愆尤有過不能補有愆不能蓋天網恢恢厥靈赫赫彰烈怒施義鞫猶太有律獲罪異邦無律淪亡果誰能度衆生而超苦海使撒但奴爲上主子豈非萬有引領而望者乎幸哉恩光天來基督降凡舍己以救贖人罪流血而挽回帝心仁至義盡　神人復和此因信而生之大道卽賴主得救之福音保羅揭蘊宣祕路得感通改教吾人玩索有得焉得不供諸天下惟是保羅原箸不重道旨之討論而重宗教之能力欲其行遠是以言文與以弗所哥羅西等書之字斟句酌言簡意賅者逈乎不侔以弗所註釋重解字原旨尙易透出本編重釋義欲明有時反晦余爲此課徒十六寒暑未敢率爾問世者以此也玆承廣學會之委勉露管見以附新約全註之尾聊爲讀經一助耳時在

中華民國十一年春　赫士序於山東滕縣華北神學

聖經古卷

ℵ即西乃山古卷也，爲提森多於1859年自西乃山修道院所尋，今存散彼得布格卷內有新約全函，及LXX強半。提氏謂其抄錄之時，約主後350年。抄錄之地，約在亞力山大城。後多添改之處，如ℵ[a]乃350—400年改者，ℵ[b]約500—600年間，ℵ[c]在七週之初，ℵ[d]約七週之中。

B即法替堪古卷，存於教皇宮院。LXX幾於俱備，新約則缺希伯來九章十四節至底，及提摩太前後提多腓利門啓示錄。今之B卷，新約無一或缺，乃後人之所補益，約當十四週中。原稿與ℵ同，錄於四週內，錄者或居亞力山大，或爲其城之人，提氏謂ℵ諒爲二人所錄，而B爲二者之一。後日無多添改，如B[2]或在四五週之間，B[3]則在十十一週之中。

B（啓示錄）祇啓示錄一卷，亦存於教皇宮院，約抄於800年。

A亞力山大古卷也。1628年其城教長西耳勒送於英王喀利第一，今存倫敦博物院中。LXX幾於俱備，新約只缺馬太一章至二十五章六節，約翰六章五十節至八章五十二節。抄寫之年，約主後450，亦或較早，添改之處無多，悉有A[2]A[3]誌之。亦或抄於亞力山

大此卷之年雖早，其文則若後抄之卷，福音書內尤然。（或後卷多以此為底稿故也）

C亦名敘利亞人以法蓮古卷因多以法蓮所著之論橫書其上故名，而多模糊之處亦以此。今存於巴黎國書院中，約有新約之半，第無一書完全。原抄於400—500年間，觀其筆法，提氏謂出於亞力山大人或伊及人之手。後改易之C_2在五週內，大抵為敘利亞或伊及人之筆。C_3在第九週，約出於堪司炭城人。

D（福音及行傳）又名比撒古卷．存於英劍橋大學，卽比撒1581年送於其校者。除數章外，福音行傳皆備．希利尼拉丁二文同列。原稿錄於500—600年之內．後或在十週時，補其所缺。有多字並數句，為他古卷所無。

D（書信）存於巴黎國書院。提氏以為500—006年間，抄於北非希利尼拉丁文同列，或亞力山大城之希利尼人所抄，大抵為用拉丁文教會所備。改易之處有七週之D_b九週之D_c。

E（福音）存於瑞士巴勒城，約自堪司炭城攜來，除路加數節外，餘皆全，抄於700—800年間。

E（行傳）存於英奥斯福（牛津）大學，希利尼拉丁文同列。除約有二章之外皆全，抄時約主後600年。假在撒甸尼亞島爲用拉丁文教會備者。

E（書信）存於散彼得布格約九週中之稿，其用徵因自D卷錄出，錯誤多端。

F（書信）存於劍橋三一學校。除數節外，保羅書信希利尼拉丁文同列，而希伯來書則祇有拉丁文。亦九週中之抄錄。

G（書信）存於撒克遜京國書院，保羅書信幾於俱備。與下類同，約皆自一今遺之古卷所錄，而此則在九週之末。

H福音行傳可勿庸論，惟書信頗有價値，抄時約500—600年內，惜只保羅五書信之玉碎耳。

K亦不足論，皆800—900年之稿。

L（福音）除數節外，四璧皆完，存於巴黎國書院，抄於700—800年間，與B多類同，較同時之他古卷多亞力山大文式。

L（行傳與書信）九週所錄，存於羅馬城與革司聽派修道院。除數節外，書信及行傳八章十節至底，皆全。

P 爲交寫卷，多不淸晰，約書於八週之初，今存於散彼得布格。

Z 亦爲交寫卷，僅有馬太一份，書於500—600年間，今存於哀爾蘭京城。

Γ 九週抄錄之卷，福音幾於俱備，半存牛津大學，半存散彼得布格。

Ξ 爲交寫卷，約書於700—800年間，只有路加若干章，今存英聖書會。

W 前約十年，由伊及尋出，今存華盛頓城，抄錄之年約與א乃同，惟因尋於各大註解之後，故至今未見其用。

此古卷之大要也，按其大楷，爲數百有十四，中有碩果僅存一頁者。今西乃山修道院，特開方便之門，將其七十七古卷，准人參觀拍影，惟尚未與他古卷相校。又於其院尋得啟示錄二古卷，以爲拱壁，因新約全帙，惟啟示錄之古卷爲數少也。

羅馬書緒言

壹羅馬教會之創立　羅馬教會創於何年，立於誰氏，聖經未嘗記載，亦無他籍可供探討．所可知者，保羅著本書時，春 5 8 其會已立，惟前於此若干歲月，未敢必耳。或曰，保羅不云乎，"爾之信舉世宣揚，" 1 8 非建設有年，能有若是之聲譽乎．曰，帖前達於 5 2 或 5 3 保羅初經其地未閱一稔，其 1 8 竟謂，"主之道自爾聲聞於外，不第於馬基頓亞該亞，且爾於　神之信，隨在播揚，" 故不能據本書"爾之順服，聲聞於衆" 16 19 等語，謂其多歷年所也。且會中信徒雖有猶太民族，然觀大勢，1 13 明屬異邦教會，必不能立於安提阿教會之先，徒 11 19—21 安提阿會立於五旬節聖靈降臨後約十三年，至耶路撒冷大會時，5 0 始得完全認爲不屬猶太規例之教會，徒 15 22—29 而本書性質，專賴耶穌稱義，律文一概推倒，則會之創於安提阿後也明甚。况乎書內猶太異邦在基督內無所區別之主義，普宣於彼得晤哥尼流 徒 10 全 後，羅馬得聞此道，焉能先於伊時，竊謂在後歷日多多矣，何也，蓋彼得雖已知二族，"無分彼此，" 徒 15 7—11 而教會之承認，則在大會之聚議也。創立羅馬教會之教師，既悉異邦不必屬猶太教方能同享利益，只宣悔改信仰，爲人得救正途，其來自己立之異邦教會一中區，不可推而知之乎。世有以羅馬教會為„羅馬之旅“徒2 10旋里而立者，不知„異邦得救之門“五旬節後多年始啓，當未啓時，人莫之知，何能立此完全異邦教會，與其謂羅馬之旅所立，寧謂哥尼流戚友所立。再觀安提阿區會，先蒙衆使徒長老認為一不守摩西禮節之教會，而羅馬信衆亦不注意於斯，見十四十五章論健者弱者之言不尤足證其大抵為自安提阿等處而來之教師所立者歟。安提阿為羅馬帝國第三大城與以大利多商務交通故聖道由此傳至羅馬甚易易也見教會曆史○或謂先佈道羅馬者，彼得也，其說亦不足憑，彼得本為受割者之使徒，非如保羅為未受割者之使徒，加2 7 8二人主後約五十年，訂章分區佈道，彼得暮歲，其章似已廢除，彼前1 1然近五旬節後數載，自無見廢理由，矧茲保羅佈道，決計不假他人之基，15 20若彼得已先在斯，伊必不往就之。○由是言之，誰先佈道羅馬，書缺有間，無從考稽，惟是其人所傳，有保羅福音彩色，佈道時日在啓異邦得救之門後，則無毫釐之可疑。雖有據15 23之„數年“而謂時間久長者，然閱路加所記保羅佈道史，想不越八九年之譜也。

貳著書時地　本書著於何地，未有明文，一覽而知，但觀保羅離哥林多時偕行之人，徒20 4與羅16 21所提之名，及林前1 14與羅16 23所言之迦猶，並非比之薦舉等，可知據古今校經家之公見，幾無不以爲寄自哥林多者。至著書之時，觀徒20 2保羅二至希臘，抄57居哥林多三月，臨行時思乘舟赴亞西亞，知爲春日揚帆之候，因避猶太人計害，乃繞道馬基頓而過以弗所，遵路加所載，逾越節時抵馬基頓，徒20 6五旬節時至耶路撒冷，徒20 16愈可作其春季去哥林多之證，復以羅15 25，"今往耶路撒冷"之語較之，本書之著，必近三月徒20 3之杪，而爲58年陽歷一、二月間事也。

叁著書之人　本書著於保羅，證據夥矣，革利免（羅馬）96伊那書115怕利喀卒166今皆證爲保羅所作，謀拉透利篇約170列爲保羅書信，卽古奉異端之瑪西安130今割裂派之包爾，亦胥認爲保羅手札，古今正宗異道，千篇一律，尚庸疑乎。詎意近今德與和蘭數校經家，本其主觀臆想，以爲出自他人，無如言之諄諄，聽之藐藐，蓋無徵民弗從也。瑪仙雖視全卷爲保羅著，然未悉何以不列末二章於本書，亦有多數小草無之，僅於十四章尾續以十六章二十五至二十七節之頌辭，包爾派武斷尤甚，直以後二章爲冒名之作。但諸大楷及亞蘭耶柔米二譯，較小草尤早者，莫不附此二章，拉丁教父莫不引爲羅馬書函，素負盛名之校經家如維后等，亦莫不視爲屬於本編。欲知其詳可閱三德羅馬註解

肆著書目的　保羅所以著本書者，非因羅馬教會有分爭或他問題如哥林多，林前1 11 7 1非因有僞師謬解如加拉太加1 7非因惑於萌芽之智慧黨如哥羅西，西2 8非因信徒遇迫動搖信仰，受人魄贈感其厚誼，如帖撒羅尼迦帖後2 2 3腓立比。腓4 18然則何也，曰，一因欲闡發福音道旨，使異日教會要區得其精詳，見教會歷史上卷藉以播及四方。二因知猶太人將至羅馬肆其煽惑如在他處，故多申說新道與伊族之聯關。9—11三因當時與羅馬距離非遙，似當乘機赴都，乃連帶解其不果往之故，此其著於此際，不俟他日有便也歟。

伍書之特色　本書特色有三，一言爲天下通義．保羅寄書京師，目光射及宇內，發揮世世人人，莫不有罪，　神彰其怒，如日中天，追人造孽，始於亞當，溯人蒙恩，源於基督，律用雖多，惟勿恃以得救，救恩設備，爲人亦爲萬有，8 19至若人之義務，頭緒奚啻千萬，大理不出一愛，無論對國對家對教會鄉鄰，悉當以愛爲行事標準。二文爲言談林藪．保羅他著如林前十三十五章，弗3 8—21，雖顯其議論精妙，終不若本書幾於章章雋永流露，如1 6—23 2 4—11 3 21—26等處．閱至八章末段，十一章後幅，尤覺談鋒水湧，吐屑霏霏，意則妙諦無上，文則詞華傾後，不使人生言語道斷之歎。三理爲纍纍貫珠，統本書前後而觀之，逐步前進，引人入勝，如巨流就下，一往無阻，雖云感情高平，不如加拉太書激切，然而念及本族，未嘗不憂痛欲絕，（1—5）談及 神恩，未嘗不高唱入雲。總之，本書爲保羅傑作，新約列爲書信之冠，宜也。（本緒言多依斯台夫之論）

羅馬書目錄

羅馬書釋義

概論

欲究本書緣起及著作時地，可考緒言及聖經辭典論羅馬書條。本書篇幅雖長，然於福音奥祕，究未悉括無遺，如耶穌性情聖靈功用復活之蘊來世之事及教會政治等概未論列。惟於罪，1 18—3 20 義，3 21—8 39 神之至公，9—11 與聖徒善行，12—16 言之最詳。吾人統窺全豹，務重其理與意，深究而細繹之。若夫文法字句，雖足令人探索，然勿沾沾於其間也。

開端 一章一至十七節

本書開端分為三層。一問安。1 1—7 二小引。8—15 三大題。16—17

問安 1 1—7

經文 一 耶穌基督之僕保羅，奉召為使徒，特簡以宣 神之福音，二 即昔藉諸先知所許，載於聖經者，三 乃謂其子依形軀言自大衛之裔而生，四 依維聖之靈言，因自死復生，以權能證為神子，即我主耶穌基督。五 我儕由彼受恩，及使徒職使萬邦緣其名因信而服，[六]爾曹亦在其中，爲耶穌基督所召[七]。凡在羅馬爲　神所愛，蒙召爲聖徒者，願恩惠平康由我父　神及主耶穌基督歸爾。

解釋

節一　保羅問安之際，所以先述其位分者，無他也，爲使羅馬人敬重其言也。首曰**耶穌基督之僕**　在昔舊約時代，教會之受示於　神者，始稱　神僕，保羅於己用此名稱，乃表其在教會之職，與摩西約書亞大衛等相伯仲也。次曰**奉召爲使徒**　保羅誠爲主之僕矣，然僕之職至不一也。先知，士師，君王，皆稱之，惟保羅爲僕之職，則巍然高出羣倫，何也，爲使徒（使徒之職詳使徒歷史第十一節）也。原夫爲使徒者，必作耶穌復活之見證，徒1 22此其事之要者也、徒2 32 5 30—32耶穌復活時，保羅猶未信道，何能見復活之主，作其證爲使徒乎。曰，保羅於林前9 1 15 8固云其見復活之基督矣，何作證爲使徒不能之有。或曰，彼得嘗謂必選一自約翰施洗至主升天之日，常與我儕偕者，同爲使徒證其復活，保羅未始與斯列也，其爲使徒得不合乎。曰，此在猶太人中必須之事耳，詎知當時見主者多矣，不皆爲使徒也，蓋使徒之職，非由人設，非藉人立，必奉基督之召。太10 1 路6 13保羅曾奉召矣，徒26 16—17其宜爲使徒也明矣。復曰**特簡以宣神之福音**　使徒職任不同，彼得作證猶太，保羅則特奉派

（原文奉差遣之意也）廣播　神之福音，（徒22 21 26 16—18）故伊罕治教會他事，亦不多爲人施洗，自謂“基督遣我，非以施洗，乃宣福音，”（林前1 14—17）以與太28 19“爾往招萬民爲徒施之洗”之言較之，知保羅與他使徒職任之不同矣。

二節　由卽字而知本節乃解明上節所傳之福音，卽　神昔藉諸先知所許載於聖經者，保羅何以特加此解明乎，一因有人謂福音爲新事，不合舊約，保羅曰否，此舊約已有之道，爲以色列列祖所夙知夙信，非別出舊約而另有一福音也。二因有人謂從舊約從福音皆可得救，而從福音多受迫害，不如從舊約之爲得計，保羅言二者一也，而新約爲終結，萬不可退步於福音也。（見三節解）稱“其諸先知”（淺文）者，所以別於他國之古聖先賢也，孔子棱格底等，未得　神之啓示，不敢望　神先知之項背，而其諸先知乃　神於“昔”時所啓示，使知將來之福音，藉以預告萬民者。論福音由　神而來，憑證多矣，而舊約先知預言，尤可據也。觀新舊兩約之記載，非一人一時一地所著，實合多人心思歷代啓悟而成，使非　神“所許，”何能數千年之預言，悉驗於耶穌一身而若合符節乎。先知之職，代　神發言也，凡舊約中顯　神意旨者，皆可以先知目之，如以諾亞伯拉罕以撒摩西輩，皆先知也．約書亞記士師記撒母耳記上下等，皆先知書也．各種儀文禮節，皆有先知任務也．故曰其諸先知。先知之言，“載於聖經，”原文於此注重聖字，明其與他經有別也．何以名之曰聖，一爲聖靈所啓示，二論屬聖之事，三爲使人成聖。由其與聖二字觀之，則福音之寶貴可知已。

三節 本節首句指明聖經之終歸，**乃謂** 原文爲緊接上文之介系詞 περί 論也．上言福音由神而來，珍貴已極．此言福音爲聖經冠冕，尊榮無倫，因他卷或論選民全族，或論選民領袖，而福音則論**其子**尊榮之至者也．來 1:2—4 其子耶穌爲 神亦爲人，只論其爲人，**依形軀言** 形軀原文肉體也 係 神許**大衛之裔** 撒下 7:12—16 裔原文爲子 榮貴固無以復加也。其依肉體爲大衛子之證，不在太 1:1—16，而在路 3:23—31，按諸預言，此爲耶穌作基督必需之證．太 22:42—43 故當耶穌降世時，人皆言大衛之子爲基督也。太 12:23 串珠 顧何以由當世之人，特選馬利亞之子而稱爲大衛之子乎，曰，不第因其由之而生，亦因其言行配得此稱也．而猶太人中稱耶穌者，夙有之矣，加以基督，則不能也，故耶穌基督之稱，有由來矣。

四節 上節依形軀言，論耶穌完全爲人，本節則**依維聖之靈言**論耶穌完全爲 神，故在原文係名詞之聖字，雖有解爲論主之人性者，但多以之指其 神性，以有 神性，始得爲神之子也。因自死復生以權能證爲 神之子於此之“證爲 神之子”淺文作“定爲 神之子”皆不如官和之“顯其爲 神之子”適宜。“自死（原文死人）復生”乃神顯明主爲其子而施其權能之第一大據，蓋主生斯世時，⊛神雖稱爲愛子，（太3 17）喜而助之，使行諸般神蹟，然尚有主一己之能力，惟主體已死能力絕無之時，猶克復生者，悉神之大能也。此二節論基督性質， 神人兩全，訓義至深且要，然非保羅寄書目的之所在.其目的乃欲令人洞悉福音之寶貴，因而特重其所論者，即我主耶穌基督。保羅贅以此語，爲顯 神子於人間之位之職及其爲人之名稱，以位則吾儕之主，以職則信徒之基督，以名則爲耶穌卽救主也。（耶穌在世時門徒雖稱之爲主約13 13然未思及其意之範圍迨主升天後始知其意與舊約稱神爲主者同腓2 9）

五節 **我儕由彼受恩及使徒職** 試重視彼字，且思及三四節之言，卽知保羅用意之所在.蓋保羅推高救主，亦卽推高己位，以其職源於基督也。（見一節）斯職與恩，旣同時由復活之主而受，（徒26 15—19）故並列之。保羅於是特提其職，欲使羅馬信衆，對於以下言論，特別注意，知其所言，不由己意，乃奉⊛神子之命也。觀 **使萬邦緣其名因信而服** 可知保羅不只爲一族被選，乃爲萬邦被派，使兆民允服，因信而得救。（按原文本節末句宜作“信仰之順服”乃因信仰而生順主命之心也）

緣其名“卽爲其名，文淺本舊約詩106 8結20 14瑪1 11卽爲使其名得榮之意，因以色列人愈忠於　神，則　神之名在異邦愈受其榮．然則新約教會，若力順主命勤奮不怠，人心有不益獲其感，而耶穌之名有不益獲稱讚者乎。〇由上五節觀之，知所重者主之復起，本書屢顯其意，以爲吾人得救要道，如4 25言人之稱義，7 4言人之成聖，胥賴乎此。且保羅數陳於本書者，皆根於基督復起，不根於基督降生，雖不若林前帖後論人復活之詳，然實以主之復起爲屋隅石。

六節　爾曹亦在其中此保羅言其寄書之故也．羅馬城既在所言萬邦之內，自有，，奉召屬耶穌基督之人，“官和〇屬字之意可見林前6 19 20，，爾非己有證爾以値見贖“之言保羅焉得不寄之以書，使凡信者，均沾救恩耶。

七節　按本節之意，宜與六節相連，而論文法，則連首節，以結問安之語。凡在羅馬爲　神所愛蒙召爲聖徒者　稱之，，爲　神所愛“觀8 38 39，知在我主耶穌基督中者，卽神所施愛無間者也．六節既言其屬基督，自爾見愛於　神。，，爲聖徒“原文無爲字，因彼等已係聖徒，故保羅以是稱之．林後1 1但有其名，卽當有其實，必爲人與名相稱，始不負此美稱。彼前1 15 16 夫基督徒之所以稱聖徒者，爲其屬基督也，如教堂之稱聖堂，非其木若石較他屋之木若石爲尤聖也，特以其屬　神耳。矧茲基督徒諸行求效其　神之聖，直以聖徒呼之，奚不可者．且惟其有是性也，始可永爲聖徒。**願恩惠平康由我父　神及主耶穌基督歸爾**　„恩惠“　神白賜之憐憫，„平康“因不復與　神爲敵心中所得之平安也．„我父“原文„我儕之父“在此我儕非指舉世而言，乃專論聖徒之語，故父也者，非謂普世之父，乃衆聖徒之父也。以„主耶穌基督“與父同列爲恩惠平康之源，可見保羅視主不亞於父，乃同爲　神而平等也。

溯此數節問安之詞，一則作法與加1 1—5類似，全書奧旨咸寓其間．凡所稱論一悉合舊約，二言　神復生我主，三關係兆庶，四爲使人以信仰而顯順服。二則福音基本亦寓於內，如主降世爲彌賽亞，死而復生，以及舊約之預言與應許，無不言及之也。本書作於主復活後三十年間，保羅之言是否確切，羅馬人不難考覈，既由考覈而相信，則書中記載之翔實可見已。

小引 1 8—15

經文 八首焉者，我賴耶穌基督，爲爾衆謝我　神，因爾之信，舉世宣揚。九蓋
神，即我於其子之福音，以心靈所崇事者，證我常言及爾，十祈禱間所恒求者，庶
依　神旨，終得坦途就爾。十一蓋我切願見爾，以屬靈之恩賜貺爾，致爾堅定，十二即我
偕爾，因爾我同信，互相得慰也。十三兄弟乎，我願爾知，我每立志就爾，欲於爾中得
果，如在他邦然，但至今仍有所阻。十四我於希利尼人，化外人，智者，愚者，皆負其債。
十五故願盡我心，並宣福音於爾在羅馬者。

解釋 八至十三節 保羅問安之中，顯其使徒位分，達書羅馬教衆。小引內則表其與羅馬教衆
之感情，如解明失禮之故者。尋其語意，八節乃保羅言其所以喜悅伊等。人喜悅誰，必常念
之，故九節續言其常念伊等之據。人於所悅念之不已，必且思之，十節則言其常思伊等之
據。人於所悅念之思之，必欲終得見之，十一節則言其欲見伊等之故。朋友聚晤，雙方必均
有所獲，十二節特顯其謙卑之心，言望亦既見止，不惟貺教衆以靈賜，己亦有所獲之益。因
若所賜伊等之恩，林前12 8－10能激動伊等之信心，則其信心於保羅之身，必有同感之力。
此等恩賜，惟使徒能賜諸人，徒8 14 16 9 6 十三節言不第念之思之而欲見之，前且立志

赴都晤面，以償所願，而所以遲遲其行者，由15 20 22知保羅欲佈道於未聆福音之地故也。此外如加拉太人之迷惑，哥林多教會之紛爭，神於以弗所所開宣道方便之門，及一已必一再赴耶路撒冷之工，皆阻其不得成厥志也。吾人由此小引之言，亦見基督聖道，在此三十年內，業經廣傳列邦。

十四節 保羅上節言伊於列邦望得其果，若有焦急語意，其故則見於本節，我皆負其債不惟智如希利尼人者，而化外之愚人尤然，蓋明哲之士，讀書有機，而野蠻無化，唯憑口授，使羅馬信衆讀此節時，知保羅之所以不我來者，因償其所負野人之債也。"智者"與"希利尼人"同意之詞，因當世希利尼人四字，不唯指希利尼族人，凡沐其教化者，概在其中，故羅馬教民，亦在希利尼人與智者之內，而凡未沾其文化者，統爲化外之野蠻。希臘人閒野人之語巴巴而未悉遂名之爲巴拉卽漢文化外之意 觀此而知吾人更宜傳道於無學之輩，以其聽講而外，更無得知福音之法也。

十五節 故原文 οὕτως 如是之意，意謂 神雖未俟保羅之去，已在羅馬有所獲之果，但保羅既負衆債，如是伊"願盡我所能，"淺文"宣福音於爾在羅馬者。"由此言又可知保羅雖

克內定厥志，然不能全抵外界之阻也。（此保羅言己志也，謂己已備妥，願赴羅馬，特未知神旨如何耳）

大題 十六 1 16—17

經文 十六 我不以福音為恥，是乃 神之能，以救凡信者，先猶太人，次希利尼人。十七 蓋 神之義於斯而著，由信致信，如經云義者將因信而生。

解釋 十六節 本節之首按原文有 γάρ 蓋字，意謂傳道羅馬之第三故，（即其要故也）蓋我不以福音為恥（淺文）也。羅馬京師，當時人文薈萃，士多博學，遂或有妄疑保羅所以且前且卻不遄臻彼都者，殆因對若輩以福音為恥也，故保羅首提此句，破其謬想焉。按原文次句首字亦作因 γάρ，乃言其不以為恥之故，因是福音為 神之大能（官和）也。"大能"非指其各種功力，唯指其救人妙用。夫人有一技一長，尚以為可恃，絕無以為可恥者，況福音為 神之大能，得而傳之者乎。保羅不第不以為恥，反以為無上之榮，（林後4 4 加6 14 提前1 11）蓋福音為人獨一得救之法，舍此別無他術，其救人也，不限於國，不限於族，乃救凡信者。理既超乎人智，效復普及萬方，保羅受主託而宣之，其職也大，其榮也至，彼羅馬學子，何足一盼哉。先猶太人，次希利尼人（分二等人有先後者，無他也，猶太人已有舊約，已知義務根基，領受福音當較易，使徒爲多收效起見，故先傳之，藉以使福音流播萬邦也。詳審本節內容，一福音係由　神而來，二其感人之能無似，三特爲兆民而備，四救恩以信仰爲要素，非信福音無由而得。（謂人必受洗或必守律始可得救者非也惟信仰我主方可得之故十字架之盜雖未受洗守誡仍因信而蒙恩也）

十七節　蓋　神之義於斯而著，言福音有此大能之故，因　神稱人爲義之法，惟於福音著之。曰„神之義“者，一　神本有之義，二爲人所備之義，三　神所欣悅之義。（羅馬書首八章重第二意）人有此義，　神必悅之，因必悅己所備之義，然非有信仰之人不能得也，是以保羅荷此聖差，報告因信稱義之道，使順服者因信得生。讀4 5 „不行者，第信其稱不虔之人爲義，其信卽以之爲義矣“則知無此信仰者，卽無順　神之德，而無由得　神之悅，來11 6 故曰由信致信分解之，„由信“謂此義由信而來，„致信“謂此義惟加乎信者．合言之，則因信而得信之效也。（參本書3 22 腓3 9 則本句之意愈以明悉）保羅如此立論，與當時猶太人所言不符，恐伊等不肯遽信，遂引哈2 4 „義者將因信而生“之言，使知此非無據之新道，實舊約已有者也。

第一股　世人有罪及稱義 一章十八至八章三十九節

提綱 保羅先提明因信與恃功，爲人所賴稱義之二道，並以二者之稱義相較，是爲第一
股，其要旨可分二段以明之。

第一段　人皆有罪　一章十八至三章二十節

宗旨 自義之反面立論，以證因信稱義之必要，緣世人無功可恃也。讀 1 18—32 知異族有
罪，讀 2 1—3 8 知猶太人亦陷於罪，故曰 3 9—20 無義人，無其一也。

第一支　異族有罪狀況　1 18—32

經文 十八 夫 神之怒，自天而顯，加諸人之不虔不義者，即以不義而抑眞理
者也。十九 蓋所可知乎 神者，彰於其衷，乃 神彰之也。二十 自創世以來， 神之永能
神性，即所莫見者，已明見矣，乃由所造之物而知之，致人末由推諉。二一 顧彼既知
神而不以 神榮之，亦不謝之，乃思議虛妄，心蠢而昧。二二 自稱爲智，適成爲愚，
二三 以不朽之 神之榮，而易以必朽之人，及禽獸昆蟲之狀。○二四 故 神任其心之
嗜慾，陷於不潔，致互辱其身。二五 彼以 神之眞，易之以僞，寧崇奉受造之物，不崇
奉造物之主，夫 神乃世世當頌者，阿們。○二六 是以 神任其可恥之慾，婦女以

順性之用，變爲逆性之用。[二七]男子亦然，棄婦女順性之用，嗜慾互爍，男與男行邪
僻，自受謬妄當得之報。[二八]○彼知識中既不願有　神，　神遂任其喪心，行非宜
之行。[二九]充諸不義，惡慝，貪婪，暴很，娼嫉，兇殺，爭鬭，詭譎，陰險。[三十]隱刺，毀謗，憎　神，狎
侮，傲慢，矜誇，造惡，違逆父母。[三一]愚昧，背約，不情，不慈。[三二]若輩既知　神之定命，凡行
此者宜死，乃不第自行之，又悅人行之。

要義　本支論述異族萬代之罪，其理析爲五層．一　神之震怒 18 已顯於兆民之罪．二因
人皆知　神旨．19 上．三因　神之永能與神性，已藉萬物而自顯．19 下—20 四人皆末由推諉，
因棄　神之恩光，而別求智慧，自詡爲智，適成其愚，21—22 五因人之愚而行於暗，其終局卽
自陷於敬非神之惡俗，23—25 可惡之情欲，26—27．及種種罪孽。28—32 按此情況，衆所共
知，無須詳證，此與第二支之大別也，蓋第二支論猶太人有罪，而當時多人以爲無罪，與保
羅未信主時，思想適同，腓 3 6 非證據確鑿，無以使之帖然也。

解釋　節十八　夫 yáo 神之怒自天而顯　本節前當無大圈，若去之，且易夫字爲蓋，yáo 則
緊承上文而意義顯豁，上節言　神顯其義於信者使之得生，而人之稱義得生，何以必因

信乎，蓋論人之行爲，皆有罪而在　神怒之下也。夫人之稱義，原不外乎信心與行爲二途，恃行爲既　神怒顯諸其人必至於死，則因信之道不愈以彰乎。**加諸人之不虔不義者**此言世人之罪分爲二等，一“不虔”不以敬畏之心事　神也二“不義”不以公道待人也。十誡上下兩半所禁之罪，盡括於此四字內矣。觀末句**即以不義而抑眞理者也**之言，則係進一層之罪，而“抑（淺文作阻）眞理”可分人己二方。在人則不虔不義之徒，不第自作其孽，更藉不公之罪以陷人，阻其順從眞理。（率教而行爲不善者不惟己身有罪且於他人之信道有妨）在己則因素行不義，而眞理來時，不肯接受，反力行抗逆，如“凡爲惡者，惡光而不就之”也。由上節與本節觀之，知　神所顯有二，一義也，二怒也，亞當犯罪，　神怒先顯，然　神愛世，不欲衆人滅亡，乃設救法，顯其義而歸於信者。

十九節下五節重人不虔之罪，繼以24—27其在人身之結局。本節申明上節　神顯其怒之原因，謂　神所以顯怒於人，蓋人於“可知”者，明知而故違之，非不知而犯之猶可恕也。謂“神之事”（官和）**彰於其衷**者，因　神所施爲，已向彼等顯明，即有舛誤，其過亦不在教者，蓋彰之者　神也，非人也。

二十節 觀文和所遺之蓋字，淺文知本節爲上節之解語，言 神之自顯以教人者，由於何時，假於何物．自創世以來由古迄今之謂，以明人之無時不可得知也。假所造之物，將 神之永能神性顯於人心，以明人可察物而知 神，不知者閉目不視者也。"所造之物"人類亦在其內，故人不第可外視物類而知 神之權能，智慧，恩愛，良善，亦可反觀"銘於人心之律"而知神性之聖潔，公義，誠實。由是觀之，神之最初一部聖經，乃記於所造之物，以及人之內心。或謂由此經中未能盡悉 神事，只可略知神性，但保羅則不然，乃曰"明明可知"，官和致人末由推諉。"致"字言 神著其永能神性之目的。此三節18—20言 神顯其怒之罄無不宜也，蓋 神已顯其性能於普世人類，往古來今無時或間，人"末由推諉"，眞結局也，鐵案也。世有以人初時陷罪，因知識未開，志意懦弱，不能不犯者，非也，皆知而不從，有意違主旨也。彼以爲可推諉者，吾不知其末日受審判時，亦作此言否也。

二十一節 由所遺之因字，而知本節上半，乃復言人所以無可推諉之故，因彼既知 神淺文也．亦申說人之所以不虔，謂其不虔之心，見於其不以爲 神榮之，一也，不認恩由 神賜，因"亦不謝之"，二也。既不以 神爲 神，則與智慧之源斷絕，其識 神之靈才，遂變爲

„虛妄"„思議"不經，久而無知之„心"，更„蠢而昧，"因　神之靈，不誨不虔之輩也。心字 καρδία 括人之知情志三者由是而知念　神之人，須以榮謝爲目的，虔敬爲基礎，如二目焉，可藉以爲識　神之具，若閉目思議，不觀　神之創造，欲解萬物源流，竊恐其墜於虛妄，心蠢而昧，不惟一已爲然，且導人於虛昧之域矣。弗 4 18 19

二十二節　保羅蒙　神啓示，專論神道，故本節智愚二字，非指無事不然，乃獨指宗教思想也。當時伊及希臘波斯羅馬等國之科學文化，雖云超乎他邦，然對於神道，仍極憒憒，僞神蠢語，信仰爲劣，因伊等予智自雄，不思宇宙中獨一眞　神之彰顯，„自稱爲智，適成爲愚，"洵自欺耳。○其時亞東久離眞主，敬　神之道亦智而愚，雖聖賢亦不知正路之奚自。所羅門晚年之造坵壇令人自由敬　神華人土偶木像置銀爲心等皆自智反愚之類也

二十三節　以不朽之　神之榮而易以必朽之人及禽獸昆蟲之狀　斯乃人自智成愚之第一結果，細思之，有三罪焉。一於莫可形容者，強形容之，莫謂所敬非眞，即爲眞宰作像，如耶羅波暗所爲，亦將　神無限無量之榮，減爲一區區手造體矣，夫豈可哉。二爲　神造作人像，人之觀之，必覺其有人性人事，而疑　神有不善矣。三以必朽之材料形容大主，豈

非褻瀆藐視之至。夫　神之榮無可比擬，金玉爲之，尙嫌其瀆，乃有以木以草以紙若泥而爲之者，人猶以爲賤，而況於　神乎。玩斯三者，則　神於第二誡，不容人作其像，誠有故矣，蓋無論若何製作，其犯減縮　神榮之嫌則一也。詎意人無知之心，日益昏晦，甚以禽以獸以趴蟲 ἑρπετά，形容唯一尊榮之　神，不尤江河之日下乎。按哲學之理，人於其所敬者，必覺其高大而慕效之，既敬無恥之物，又焉有羞恥之心，其德行猶能不敗壞也耶。以上諸事爲人離　神心昧之第一結果。○保羅在此非故爲已甚之語，觀當時希臘敬拜人像，羅馬敬拜鷹像，伊及夙以牛爲潔而神之，亞述嘗重蛇而像之，可知保羅切言時弊，而人不能以爲謗己也，乃還顧其人，皆自命爲智，保羅之憤激，誰謂其能已於懷乎。徒17 16

二十四節　自本節至二十七節，爲人離　神心昧之第二結果，故　神任其心之嗜慾陷於不潔　觀故字而知放縱情欲，爲離眞事邪自然之結局。人棄眞　神而不拜，則目前無聖潔之儀型，心中亦不顧聖潔之法律，其肉性自蕩佚法外，漫無節制，彼等自作如此，故　神任之（不阻之之謂，非神使之然也）逞慾行姦，斷袖成癖，以 „致互辱其身“ 而不顧。

二十五節　本節乃言　神任人遭上節之報之故，因　彼以　神之眞易之以僞，甯崇奉受造之物不崇奉造物之主也。世人縱慾無度，保羅恐人不注意於其來歷，故復言19—20之理，謂人不敬造物之主而敬受造之物，所敬既是非倒置，而謂　神不任其以愚爲智，以可恥爲可樂乎。○今之著諸教參考者，多言人將由虛僞變爲眞實，自多神漸悟一　神之理，是說也，實與保羅所言不符。

二十六至二十七節　由是以二字，知此二節乃申明24—25之結局，言其污穢至何地步。謂不惟男子變惡，卽彼廉恥較多（此保羅先言女界之濊）之婦女亦習於汚穢，變順性之用爲逆性，視獸類之不如也。○觀上文申明不虔之罪之序，知人先墜於拜非神之劣俗，漸而辱身喪行，此爲離上主拜邪神而縱情欲所招之災罰。亞當犯罪，毒入血脈，然仍敬耶和華，創4 26與今之奉教者同，迨人遠離眞主，而敬有情欲者，並及其像，且躬自效尤，　神亦任其放恣，遂至法外宣淫，處獸類之下矣。（此二節所言若在今奉基督教之國人多不喻其何所指因彼等情欲之惡雖有尙不若是之甚）

二十八至三十一節　此四節乃重申不義之罪，觀首句而知所言本於21—23，爲人心昏昧之第三結果。意謂若輩知識中既不願有　神，卽離公義之根，而茫乎　神律，不僅肉欲發生，卽靈才中亦生撒但所播之各類稗種矣。觀充諸二字，知其不義至於何極。（充：盈實無缺）

之謂也，“諸”種類繁多之意也。以下所言之惡皆屬靈性，非如24—27所言屬諸肉欲。第一類曰**不義惡慝貪婪暴很**“暴很”原文 κακία 指人心內害人之欲念。第二類曰**娼嫉兇殺爭鬭詭譎陰險**按原文娼嫉前有一**滿**字，文淺與上充字意殊，充爲裝滿之意，此乃塞滿之意。“陰險”原文 κακοηθείας 乃見人任作何等善事，必有以吹求之意，與林前13 5末句較惡文淺意同。第三類曰**隱刺毀謗憎神**“憎神”原文 θεοστυγεῖς 自古譯者莫衷一是，有譯作“爲神所恨者”，文淺有譯作“士豪”者，皆不如啊勒夫所謂“密告者”言其人常以此作眼線之鬼祟伎倆，設圈套以陷人，而古昔希利尼羅馬人均以此等人爲諸神所最痛心而疾首者。觀此字之坐落，可知是意亦合，雖譯爲神所恨者，符其原意，却不足以示區別，因諸不義皆爲神所恨也。若譯爲憎神，尤不合矣，因此三節29—31悉列不義之罪，非列不虔之罪也。至士豪之意，原文尤未必有，觀啊勒夫之解而愈明矣。第四類曰**狎侮傲慢矜誇造惡**此皆自大之罪，乃由大而小列之。其後則誠中形外，**逆親愚昧背約不情不慈**諸罪，傾囊倒篋而來矣。在此所言之罪，雖非人人皆有，然人羣中皆有之也。愚昧茂法他謂無良心也三十二節本節爲 18—31 之結文，亦所以申 18 抑眞理之意。一觀人明知　神之定命犯罪者死，仍向　神逞強而爲惡，可知其心之剛硬矣。二自行其罪，沈溺而不知反。三不第自行又悅人行之　其心懷邪惡，可謂蔑以加矣。夫人一己犯罪，而不樂人之犯，猶可說也，玆既悅人行惡，其與魔鬼之心尙有殊乎。

綜觀本支可得數要訓焉．一　神顯其性若能於物，足起人之榮謝，凡不信目前之據，而敬事邪神者，雖未聞福音，仍不得推爲無過。二凡無聖經之人，其宗教思想日流於下．甲棄眞主而敬邪神，斷絕道德之源．乙放縱肉體之欲，喪其人格．丙充塞靈性之惡，行諸不義。三神以罪罰罪，於某罪所引入之他罪，不加禁止而放任之，卽　神罰罪之常術，勿庸時降百殃也。四　神救人之法惟在福音，閱提後 3 1—5，知保羅未望　神怒停止，但言凡從福音者，皆可逃免。昔以色列人犯罪，毒於蛇而殞厥命，求　神爲之去之，　神乃命其望一銅蛇，因信而愈．民 21 4—9 今世險惡尤甚，　神亦非使其無罪，惟舉在十字架之耶穌，使萬民望而信之，因以救之，彼以福音爲愚而恥者，自謂能逃神之定例 22 乎。

第二支　猶太人有罪狀況 2 1—3 8

要義　首支述異族罪狀，舉世咸知，自勿庸證，本支論猶太人有罪，彼等則謂不可相提並論，蓋猶太人每以異邦獨有其罪，不屑與之爲伍，一因已有　神之詔，3 2 二因爲亞伯拉罕之裔，路 3 8 三因有儀文之律，腓 3 6 守之未敢少怠，本書屢題此意 故常謂己有義而無罪也。保羅曰，不然，爾等亦有罪焉，蓋爾擬人之罪，躬自蹈之，2 1 而謂能得　神之悅乎，爲備其證，故於二章首十六節，先言明　神審判之公理，一按眞理，2 二依人之行，6 三不徇情，11 四依其福音。16 一二條猶太人莫不首肯，惟第三條必待證明，按首三條，人皆處於無望之地，幸有第四條，網開三面，而人得蘇生焉。

第一層　因　神鞫人合理猶太人末由推諉　2 1—16

經文　二章 一 是以凡爾擬人者，無可推諉，蓋爾擬人，適以罪己，因爾所擬者，躬自蹈之也，二 夫人行此，我知　神必依眞理鞫之，三 人乎，爾擬行此者，而自蹈之，豈以爲將逭　神之鞫乎，四 抑輕褻其宏大之慈惠寬容恆忍，不知　神之慈惠導爾悔改乎，五 乃任爾剛愎罔有悛心，積怒厥躬，以至　神震怒顯其義鞫之日，六 各依其行而報之，七 凡恆於爲善，求尊榮不朽者，以永生報之，八 結黨不從眞理，而從非義者，以忿怒報之。[九]患難，窘苦，加諸作惡者，先猶太人，次希利尼人。[十]尊榮，平康，賚諸作善者，先猶太人，次希利尼人。[十一]蓋　神不偏視人也。[十二]凡無律獲罪者，亦將無律而淪亡。有律獲罪者，將依律而受鞫。[十三]在　神前，非聽律者為義，乃行律者稱義。[十四]蓋異邦人無律，若率性而行合律之行，是無律而自為律，[十五]乃律銘於其心，彰之以行，良心亦與同證，其相議也，或訟或恕。[十六]迨　神由耶穌基督鞫人隱微之日，依我福音焉。

解釋　二章一節　觀**是以**（官和遺之）二字，知本節理由，乃承上章而言，猶太人常擬異族有罪，末由推諉，茲將異族罪狀，於上章18—32活活畫出，有如孽鏡高懸，猶太人觀照之下，諸罪皆有其影，莫可掩飾，是以凡爾猶太人之擬人者，亦"無可推諉，"蓋爾常擬人罪，"適以罪己，"因爾所擬他人之惡，亦"躬自蹈之也。"閱本章二十一至二十四節，知異族之罪，猶太人亦有之，且有過之而無不及，但未引證之先，保羅先言　神之審判，2—16愈使其人俛首而下心焉。

二節　由1 32知行惡者當死，而上節言猶太人行無或殊，自當同服其罰，乃猶太人謂有可恃，

（見本支要義）不服所云，（保羅在此特加四條審判公理即爲是也）故保羅曰，勿繩人太嚴，論己太恕，須知　神必依眞理鞫之也。（此神鞫人第一公理）”眞理“二字在1 18 25，指　神所示於人者，此則指人心中之眞情意謂　神之鞫人，不論其爲何國何族何膚色何教門，只依其人之事實，忠則忠，奸則奸，誠則誠，詐則詐，如公估局估量金銀，不問其來路，專視其質色也。且由我儕（過文）二字，知猶太人依良心論，未始不明此理，特不欲承認耳。

三節　神依眞理鞫人，衆所共知，不待憑證，故保羅質勸之曰．爾既與人同蹈惡行，尙據爾所恃，以爲能逭　神之鞫乎　此虛妄之心不如去之，蓋良心之鞫猶不容逃，豈　神之鞫能逃之乎，如約一3 20，言”　神大於我心，而無所不知也。“（以爲原文如此作想奇其妄想也）

四至五節　此保羅勸猶太人去第二虛妄之心也，蓋猶太人以爲　神三千年間，遇吾特優，將來必依然優遇，顧此虛妄之心，有三弊焉．一輕藐其宏大之慈惠寬容恆忍夫　神之施恩於猶太人也，選擇之，佑護之，予以肥壤，賜以聖經，作之君王，先知，救主，深慈厚惠，有加無已，且於昔之叛命後之害主，以及自先祖至保羅時代，其間種種不善．　神皆”寬容“而”恆忍“之，誠可謂宏也大矣。然若視此逾格之鴻恩，爲所應得，或以爲　神不過如老年之以利，有慈無刑，姑息吾輩，豈非輕蔑而褻慢哉。二誤視　神之作用，不知　**神之慈惠導爾悔改**將　神施厚恩，予人悔改之機，感人悔改之心者，竟以爲縱慾之緣，如路15 12—24所言之敗子然。觀彼後3 3—7，知當彼得衰老之年，已有其人，竊謂此等人至今猶不少也。三　**積怒厥躬**　有人以爲　神爲我父，我爲其子，恃其愛而崇其恩，非榮之之至者乎，詎知無非，,,依爾之剛愎與不悔之心，爲己積怒，"（淺文）蓋藐視慈惠，較之犯律尤重，如來2 2—3所言者也。,,積"字一有爲日長久之意，二有隱匿不見之意，謂虛妄之人剛愎自欺，泄泄沓沓，初未料其罪如是重多，亦未思其罪終必呈露，不知時未至耳，時至則顯，且其顯也，非由人之偏見，乃按,,　神公義之審判，"（官和）公則一例看待，義則按理所宜，人而可以存心虛妄也乎。

六節　本節承上節公義之意，而言審判之第二公理，謂　神之鞫何以公義，乃　**各依其行而報之**　聖經言　神察人內心，不觀外行，不與本節之言相枘鑿乎，曰，非也，行爲心之外表，心爲行之本原，依行而報，爲　神公義之明證，固已而觀主,,信子卽作　神工"之言，知信心亦爲行事，本節之言，不惟不與聖經他處反對，卽與本章十六節亦無不合也。（福音論信心內）

事也“各”字有不分貴賤，不分種族之意，自總統以至於平民，由開化而及於野蠻，各立神之臺前，並肩受鞫，神之公義何如其大耶。

七至十節 總論 此四節中明六節之實意，蓋普世之人，位有尊卑，化有文野，而與判斷有關之行爲，則祇有善惡兩類，試將此四節列表以明之，其意愈清晰矣。

七節 行善者 品行（爲善） 目的（求尊榮不朽之福） 報應（永生）
八節 作惡者 品行（結黨） 目的（不從眞理從非義） 報應（忿怒）
九節 作惡者 報應（患難窘苦） 品行（作惡） 人類（不分）
十節 行善者 報應（尊榮平康） 品行（作善） 人類（不分）

由右表而知此四節之言，可視如兩副聯語。首副七，八節，上聯言善人如何獲報，下聯言惡人如何獲報。次副九，十節，則倒其秩序，上聯言惡，下聯言善，且皆先言報，而後贅以種族。讀首副知由人一方作想，言有其品行與目的，因有其報應。讀次副則知起自 神一方面言報應之權操諸其手，而所以彰癉之者，則依人之品行，不分人之種類也。

分解 七節 言善人之報，欲得此報，須恆於爲善，“恆”持久而不忽是忽非之意，聖經所

羅馬書釋義 二十五

注重之德也。來10 36 12 1 雅1 3 4 此等長忍久耐，非人所本有，必求之於 神。15 5 **求尊榮不朽** 所求者一之則永生也，分之則爲，，尊，，賞賜也，，，榮，，因 神顯著常在榮中，己亦求與共之。西3 4 ，，不朽，，卽十節之平康因平康自無裂縫傾圮朽毀之由。**以永生報之** 言有求必應福樂滿足也。八節言惡人之報，其所以得此報者因**結黨**原文 ἐριθείας 乃不求事之實在，不按良心行作，而任用何法以求己黨之勝於人也。不惟結黨者得此報，卽**不從眞理**者亦然，(不從眞理結黨之常也) 由次句知不從眞理卽**從非義** 二者乃對解句也。**以忿怒報之** 七節言善者，，以永生報之，，本節論惡者似當曰以永死報之，今曰以忿及怒(官和譯爲忿怒惱恨)者，蓋由啓20 14，知永死卽火湖，而其火之至烈者， 神之惱怒也，甚可畏也。來10 31 ，，忿，，指 神向罪常有之態度，，，怒，，爲忿之外現，在審判日可見之也。九節亦言惡者之報，雖與八節同意，然八節乃由 神而言其刑之如何，本節則由人而言 神之忿怒卽人之**患難窘苦**也。至施行之序**先猶太人次希利尼人**者，因猶太人較他人先知 神之律法也。(作惡在八節爲結黨不從眞理而從非義，故知神視結黨爲作惡) 十節之**尊貴榮耀**(官和) **平康** 在七節稱之爲，，永生，，同意之名詞也。其**作善者** 在七節爲，，**恆於爲善**，，彼此互爲注腳。來10

36 雅1 4

十一節　此言　神鞫人之第三公理，亦所以解上數節　神對猶太異邦不分畛域之故，**蓋神不偏視人也**　在此固指猶太異邦而言，然擴而充之，知能卓立審判臺前而不傾者，惟誠賴基督而有懿行之人，否則自命爲基督徒，有何益歟．故不與吾同派者，苟爲耶穌之善徒，亦無妨於得救焉。

十二節　**因**（譯文雖無此字然在原文則視爲要字）非爲上節之據，乃申言　神無偏之意。若　神按無律（即摩西律法也）者之境遇而鞫猶太異族兩方，則猶太人大佔便宜．若按有律者而鞫兩方，猶太人必更佔便宜．惟公義之　神不能如此偏待人類，必按其有律無律之地位而鞫之。**凡無律獲罪者亦將無律而淪亡**　„亦“非曰他人滅亡，彼亦滅亡，乃曰無律犯罪，亦無律淪亡．**彼有律獲罪者將依律而受鞫**受更重之刑也。或謂不知律者，或未聞福音者，逝世之後

神必予以良機，使其知律悔改而後鞫之，此非保羅之意，亦不合耶穌之說也．主不云乎，„僕知主意而不備，不順其意者，見扑必多，惟不知而作當扑之事者，見扑必少，“雖云較知者少，仍須見扑也。

十三節　本節係明上節末句之理，故特冠以因（淺文）字．按猶太人每謂已將因聽律得救，而異邦人無論行爲若何，使不作猶太人者卽無得救之望．今保羅曰，非也，因依摩西之律及先知之言，在　神前非聽律者爲義乃行律者爲義（利18 5 結20 11）此定理也，爾猶太人持定之言，約7 49對於兩方均有誤也。（文"爲義"淺文爲"將見義"適合原文"將"字非指信主時乃大審判之日也）夫聽而弗行者，既不獲稱義又安能得救，其將來受鞫而淪亡也必矣，然天下之行律者，有誰人哉．故待3 20諸理證訖之後，卽明言無人因行律（證節之律）見義也。行律不外二法，一守儀文，一依救主．由加3 24，知依救主者卽爲守律，由腓3 3，知守律者卽信基督者也。在此只言聽律，何以不言讀律哉，曰彼時人多無緣讀書，祇可憑耳受意耳。

十四節　官和將13—15三節，悉括弧內，在英譯只括14 15兩節，實則13與16緊相聯接，不宜置於弧內而英譯爲是也。蓋異邦人無律若率性而行合律之行是無律而自爲律上節言行律稱義，理至確切，而猶太人曰，吾等有律，守之卽可得救。保羅曰，誠如是也，則異邦人亦有得救者矣，（不曰τα ἔθνη指異邦多半之人唯曰ἔθνη其中容有之蓋）蓋其雖無摩西之律，然有秉性之律，　神對人類既無偏私，伊果率之而行，可得救也。是理也，猶太人絕對不服，但保羅持此至公而正之論，伊輩亦無以駁之，可知其所持識律有義之言，約7 49誤甚矣。
十五節　本節釋上異邦亦有律之言，而明其理之所在。夫是非之心，人皆有之，此爲　神律銘
於其心之明證，亦卽能自爲律之由來也。異邦人既有銘心之律，斯有良心之控己，或諒
己，若曰無之，何以心有所準則，而自或訟或恕乎。○此二節乃證律不能爲猶太人獨自
得救之法，因不合　神普賜於衆以爲律之原則也。上二節合之爲猶太人閉口之問題
十六節　於　神以耶穌基督擬人隱微之日依我福音焉淺文　此節緊承十三節，謂行律
者何時稱義也。聯上二節觀之，有四要義焉．一於非追字鞫之日，非　神使人爲義，乃稱人爲
義，蓋人不能自義，但　神因耶穌代贖之功，能稱之爲義。二，“鞫人隱微”隱微者心內也，
7 10已言明六節之“行，”多屬心內之事，此則言行之不由於心者，於審判臺前，不得爲
行，可知保羅所言與耶穌登山寶訓類同，使人知內心爲首要也。箴4 23太5 8三，“依我
福音，”此　神義鞫之第四公理也。福音者，因信稱義之道也，與律並行不悖，蓋凡信仰基
督而盡厥義務之人，其違律之譴，有基督代受，必依福音受鞫而獲勝也。夫　神既依福音
鞫人，而猶太人蔑視福音，不肯接受，其不獲稱義得救也明甚。且　神雖依福音使信者得

救，而由太25 14—23忠僕獲獎之喻觀之，知人之得賞，乃各照其所行之善，與本章7—10之理無以異也。四 審判之主爲"耶穌基督"．參約5 22徒17 31由此而知耶穌爲無所不知之 神，否則焉能秉公鞫人，舉世咸服，乃今基督教派中竟有謂耶穌只爲人者，吾不知其何以解此耶。

第二層　猶太人一例有罪之證 2 17—24

經文 十七 爾名爲猶太人，以律自恃，以 神自詡．十八 既習於律，則知其旨，且樂夫至善，(能辨是非或作) 十九 自信爲瞽者之相，暗者之光，二十 愚者之師，赤子之傳，於律中有知識眞理之模範。二一 夫爾誨人，而不自誨乎．爾言勿竊，而自竊乎．二二 爾言勿淫，而自淫乎．爾惡偶像，而自刼殿乎．二三 爾以律自誇，而干律以辱 神乎。二四 神之名，緣爾受謗於異邦，如經所載矣。

解釋 十七至二十節 夫神性神意不第顯於萬物，更顯於律例，而猶太人既有律例，則富知神旨，自較異邦負責尤重，而罪亦視異族有加焉。觀猶太人誇耀於衆之五事，一 有律可恃，二 神爲其 神，耶9 24 (猶太人常自詡耶和華爲以色列專有之神必獨厚於彼等) 三 由律受訓，四 暢曉 神旨，五 能別善惡。及其自稱之五名，一爲醫者之相，二爲瞎者之光，三爲愚者之師，（認異邦人爲瞎爲愚）四爲赤子之傅，（視他人於道學爲幼稚）五爲於律中有知識及眞理之模範．（模範μόρφωσιν誠中形外，非σχῆμα惟指外形，意謂此二者在摩西律中顯若於彼有可見之形）而知其深負己之道學，勝於他人矣，乃自滿而不知其責任何。

二十一節上　上四節爲保羅證明猶太人有罪之預備，本節則點題之語，如拿單斥大衛曰，"爾卽其人。（撒下12 7）十七節原有一若字，（淺文）可知17—20爲假定詞，至此始轉入正面，揭破猶太人黑幕，乃暫不聲明其罪曰，爾誨人而不自誨乎　意謂爾自詡驕人，尚不知何者爲當，何者非宜乎，由是而言其罪，猶太人將何以推諉哉。

二十一下至二十二節　以竊淫及染偶像惡俗，（申7 25—26）爲本章首節末句猶太人之罪據。保羅不眞刺其有此三罪，乃委婉設塞其口之問題以顯之曰，爾言勿竊而自竊乎爾言勿淫而自淫乎爾惡偶像而自劫殿乎　在此犯罪之秩序，與首章相反，首章所言乃天然秩序，亦卽洪水前世人犯罪之秩序，而猶太人犯罪，則由小而大，先竊（或指伊等不公之行爲雅5 4）而淫，殿其後者爲涉及偶像之元惡焉。猶太人當時雖不拜偶像，然觀徒19 37，知彼等重視偶像金銀，違　神命以攘之，其惡聲已播官場，明干貪婪事瑪門之咎，而與異邦同罪．（西3 5）本章

首節之言，非保羅誣衊之也。竊物關乎偶像劫之者爲人值知易致人生偶像有靈之思想

二十三至二十四節以上數節，足證猶太與異族同罪，此二節乃彼等行爲之總論雖繙譯作問言不如以爲定言顧異族罪惡之要點，在行不義而阻眞理，而猶太人則因干律以辱　神，厥罪尤大也。若今之信徒，有惡行以致人輕蔑主者，卽與伊等同例。二十三節保羅令猶太人反觀內省，自認厥罪，如約8 1—11耶穌所用之法。而二十四節爲其證，因　神之名緣爾受謗於異邦，此衆所週知，勿庸申明，與賽52 5所言者一也。吾今而後知，言行相顧者，始爲宗主之士，與其掛名教籍，仍爲黑暗中事，致　神之名見辱，勿甯任其不作主徒，天父尚不至因而遇謗，聖教尚不至因而減色也。

第三層　駁猶太人推諉之言 2 25—3 8

經文　二五爾若行律，則割禮有益。若干律，則割如未割。二六若然，則未割者守律之義，雖未割，不謂之爲割乎。二七其素無割而守律者，不罪爾以文與割而干律者乎。二八蓋顯爲猶太人者，非猶太人，顯於身之割，非割也。二九惟隱爲猶太人者，誠猶太人，受於心之割，乃割也，在性靈不在儀文，其稱譽也，非由人，乃由　神。章三一然則猶

太人何所長，割禮何所益乎。[二]曰凡事多益。首則　神之詔託之設。[三]有無信者何如耶。彼之無信，豈廢　神之信乎。[四]曰非也。惟　神誠，而人皆僞。如經云，俾爾於言見義，於鞫獲勝。[五]我且依人而言，若我之不義，彰　神之義，我將何言。　神降怒爲不義乎。[六]曰非也。若然，則　神焉能鞫世耶。[七]若　神之誠，因我之僞而益致其榮，則我何仍見鞫如罪人乎。[八]且何不爲惡以致善乎，謗我者謂我儕有是言，其人服罪宜也。

解釋（二十五節）保羅證明猶太人有罪，言之有物，似伊等無可推諉矣，但仍有以“我儕受割”自解者，（按猶太古傳受割者皆將得救）故復破其迷妄曰，（二十四節與二十五節之間宜有一大圈）爾若行律則割禮有益（此保羅詰讓一步之書也）夫割禮之行也，爲表割去私欲，脫離罪惡，且使受者追想其與　神立約之地位，更激其爲善守律之心，（與今聖禮相同）洵爲有益。但若恃爲得救之法，贖罪之祭，而干律於不顧，則背乎　神之原旨，異乎割之正意，而　割如未割（原文“割即成爲無割”）矣。割禮爲立約之印證，適如銀行印發之紙幣，其價值不在紙面印有支銀若干，而在其行有實在資本金爲之後盾，假令某行實金空空，徒於票面書$幾何，試問此不兌現之紙票，有效用否乎。然則有善行之外表，而無其實迹者，夫亦何益之有。

二十六節 若然則未割者守律之義雖未割不謂之爲割乎蓋所恃夫善行者，惟在有其事實，不徒重其形式，如未印國號之精金，與有國號者同一價値，而知 ,,依眞理鞫人'' 之神，必將視無割而有善行者，如有割者同矣。3,,6義''所云非律文之義如腓乃是非之義也

二十七節 此節亦本於上節之 ,,然'' 字，謂無割而守律者匪特遠超乎有割而違律者，不更將定爾以文與割而干律者 之罪案乎。因猶太人所違者，非第儀文之律，亦 神 ,,銘於人心'' 之至理，故哥尼流將責該亞法之罪，以其有割禮，卽其知律之證，不將作其 ,,塞口'' 3 19 之具乎。以不若官和之有意謂猶太人有此額外之利益仍違神律彼無此利益而順從者定爾之罪也必矣 〇於上三節之 ,,有割禮'' 易爲 ,,有聖餐'' 其訓亦同。

二十八至二十九節 觀蓋字而知上三節所言，與 神鞫人之第三公理適合，蓋 神所取者，人心之誠篤也。二十八節乃補足二十五節之意，言有割禮而干紀者，所以不及異邦人之故。二十九節則補足二十六至二十七節之意，言虔誠之異邦人，卽內心除罪者，何以高出乎徒重形式之猶太人也。由其稱譽也非由人乃由 神 猶大意卽稱譽也創29 35故此亦可譯作,,其爲猶大人也非由人乃由

神“言一而彼二也 可知誠於中者，不必顧慮人之毀譽，神自知之而有歎菸心者，雖人譽之亦無眞樂也。○本層原意言猶太人不能因有割禮推諉，閱至二章之末，知其不惟末由推諉，且以此而有罪．今之教會，事異而理同。

三章一節 割禮聖典也，出自神也，保羅證其祗爲外表，毫無救人之能，猶太人自必不服而詰之曰，爾保羅如此立論，則神之選民猶太人何所長神所賜之割禮何所益乎。保羅若不就此問題，透發其蘊，卽無以申明本書之大旨，故於下節暫示讓步而言其有益．旋卽尋隙而駁之，使知所言，與二章所證猶太人有罪之說無妨。若論割禮之正意，乃表明斷絕罪緣，與洗禮之表明滌除罪孽者相似，失其正意，斯與無割者同，茲猶太人既有其罪，自弗獲因受割而逭刑矣。○於此所論之猶太人，非指2 29之眞猶太人，乃指按肉體而爲猶太人者。本章首八節係擬觀目前有駁者與保羅辯理也

二節 本節爲保羅答覆首節上半之言．下半待四章始答覆之 詳閱本章，似猶太人無何所長，但保羅言凡事多益 他益暫不言及，待九章四，五節始詳言之，在此只言其首第一根本之謂也 長，卽神之詔託之也。觀首字似下文當言大長如九章四節所言因心爲他意所牽故不言其二 此言有二解，一謂詔字非指猶太

人獨有之聖經，(因當時他人亦有此聖經)乃指舊約中　神賜猶太人之諸許也．於11 12－24，雖難窺應許之內容，但察舊約，知猶太人將爲救主奮興熱誠，超乎教會他人之上而爲之首．賽60 3 61 9 62 2 亞8 23 又讀本書11 25 26，知彼等將大受感動亞12 13。二有以所言之長，指猶太人易於明道者，彼等既有　神所賜之律，及一切預指基督之應許與儀文，則於福音眞道，自易領悟，況於待人之道，善惡之理，更爲明晰，不尤易受五旬節之靈感乎。(後解較勝)

三節　保羅已讓駁者所長似有理之言，2 25－3 2 駁者遂佔據之，以巧言3－8節反之。先揭人所共知之一端，而問保羅於二章所言猶太與異族無別之故，曰，**設有無信者何如耶．彼之無信豈廢　神之信乎**　此理殊確，蓋按提後2 13，神不能以若輩之不信，而廢其所許，使後人無得之之途也。惜乎彼曹誤會聖經，以爲吾儕既有　神之諸許，縱有不信其見應於基督者，　神必仍踐與吾祖若宗所立之約，不以吾儕之不信而反汗，與前天主教之恃其贖罪票，而積罪厥躬者，有同謬也。

四節　保羅正言以答之曰，**非也**　神之大信昭昭，衆所夙賴，且其信德爲道德基礎，如　神失信，則世人何所依乎，故甯謂**人皆僞**不可謂　神不誠。如基督之臨凡也，縱受許者皆不之信，　神仍按時使之降世，其於他事亦然，皆必届期而應，如經（因猶太人最重經故援以爲據）藉大衛所謂„俾爾於言見義，於鞫獲勝，“豈虛語哉。惟不信其言者，不得所許之益，反見棄絕。來

3 12 19 由是而知人之推理也，屢有其誤，惟　神則無時或誤，猶太人謂　神必成其所許，誠然，謂人雖不信亦能得其所許，誤矣，蓋　神之許爲假定詞，惟成於信之者也，非謂於不信者，亦必成之也。　神於不信者，廢其許而驗之後人，自古迄今，屢見而非鮮也。（本書每見„也“）

（God forbid乃保羅所常用拒絕如褻瀆之言）

五節 本節之首句，依原文宜作末句，（見淺文）且宜括於弧內，其„我“字乃保羅自謂，非如餘二我字之指駁之者也。僅憑四節之言，彼駁者又有辭可措，謂我猶太人之不義，„若彰　神之義，“則我之罪，卽爲　神之榮，　神顧可怒我而自爲不義乎。保羅以不義與　神連，有若褻瀆，故述其妄語，迄復駁以　此我依人而言耳（淺文）意謂此我襲人之語，非我本意欲言之也。

六節 此等佞口，保羅不難一言以答之曰，若然則　神焉能鞫世耶　爾謂爾曹之罪，使　神得榮，不宜見鞫，誠如是也，則異邦人之罪，豈非亦彰　神之諸德乎，而可謂彼等蹈　神

之怒，見　神之鞫乎，然則　神之審判取消矣，有是理哉。猶太人深信　神之審判，且望其速來，使列邦見詛，己則昂首。今之辯論，乃與其信望背馳，明見言不由衷，徒爲遁詞，佻撻侮慢而已。

七節 本節之理，與五節類同，而其別則在五節之„我儕，"（淺文）乃代表衆口之辯駁，此則爲„我，"係箇人之言論也，其意則承上節之„鞫"字，謂　神之鞫世，必也，然**若　神之誠因我之僞而益致其榮，則我何仍見鞫如罪人乎**　如律師爲人作僞，致其獲勝，及其人詰律師曰，爾不宜爲我造僞也．彼則大不爲然，曰，我爲爾作僞，使爾得直矣，爾尙謂余有罪乎。此節於理雖無進步．然由我字，可知無一人能免鞫也。

八節 觀**且**字而知保羅有不耐煩之意，蓋思及衆人辯駁之言，無理無意，徒事搗亂，辱　神之名，誤人之身，遂覺不堪其擾，曰，如此刺刺不休，且　**何不爲惡以致善乎謗我者謂我儕有是言**　在此若依淺文，（因其次序與原文同）置其首二句於弧內，如„且何不（如謗我者所論，並人謂我儕有此言，）曰，甯爲惡以致善乎，"其義則了然矣。**其人服罪宜也**„其人"有註指謂„爲惡以致善"者，有註指七節之立言者，前說較優。夫保羅之無是言，吾人知

之明甚，其敵何時何地而造此謗，吾人亦莫能究稽，惟若人既爲是言，"服罪宜也，"蓋上
主論惡，爲必不可作，而其人曰可，是明與上主反抗矣，服罪不亦宜乎。且既爲惡以致善，則
善惡混淆，是非顚倒，使天下人之良心理心昏昧而不明者，此其人也，服罪不愈宜乎。昔西
西歐曰，"凡將義與不義相混者，當逐諸國外。" 至今仍有人只論事之果，不論事之因，其
於是言，不知何以解之。

第三支　結文　二族咸在罪下　3 9—20

經文　[九]然則何歟，我儕愈於彼乎，曰，否，不然，我曾證猶太人，希利尼人，咸在
罪下，[十]如經云，無義人，無其一也，[十一]無曉悟者，無尋求　神者，[十二]皆棄正路，同爲無益，
無行善者，其一亦無也。[十三]厥喉如未封之墓，舌施詭詐，唇藏蝮毒，[十四]口盈呪詛荼苦，
[十五]其足疾趨以流人血，[十六]其途窮滅殘傷，[十七]不識平康之路，[十八]目無　神可畏。[十九]我儕知律
所言，乃爲律下者言之，以塞衆口，使舉世服罪於　神前，[二十]蓋於　神前無人因
行律見義，第由律知罪耳。

要義　猶太之罪若是其重，異族亦通體創夷，控二族於罪下，宜矣，詩篇先知皆其證也。猶

太異族咸在罪下，免刑無望，因轄以罰之者，己之律也。所守而賴之律，不能免罪，適以定罪，可見守律無裨於稱義，蓋律只能顯罪耳。

解釋 九節 本節不與八節相連，乃與二章底相連，因一章下論異族有罪，二章證猶太人有罪，且視異族為重，故曰，**然則何歟，我儕愈於彼乎**，由 1 18 知異族因罪在 神怒下，由 1 32 知彼當死，然我儕不愈於彼，2 21—24 能謂不當受刑乎。在此譯作“證”之原文並無證字之意，實乃控“猶太人希利尼人咸在罪下”之二大訴狀也。而 3 3—8，係破猶太人巧辯之虛理，使其無推諉之餘地，自當列於結文之前。

十節 本節為人咸在罪下之鐵證，因**經云無義人無其一也**（此句為下數節總綱）所以贅以次句者，欲使人知首句之公理，非如來 3 16 “從摩西出伊及之衆”也，因其內尚遺約書亞迦勒二人，而此則無一遺也。

十一節 由本節至十八節，乃本上節“無義人”之題，加以證明而追其源。11—12 證人心意有罪。13—14 證人言語有罪。15—16 證人行為有罪。由心而言而行，乃人犯罪自然之序。17—18 則為 11—16 之總論，而探其有罪之根源，在人不識正路，而不識正路，又在目前無 神也。**無曉**

悟者 言所以無義人者，因人心之不曉悟，而所以不曉悟者，則因**無尋求 神者**此1 21—22思議虛妄，智反爲愚之故也。夫人不曉悟、既原於其不尋求，可見人不明道，不得推諉無罪也。

十二節 **皆棄正路** "棄"字不若官和之"偏離"爲合原文。既曰"偏離正路，"卽悉人原在正路。由1 19—20，知異族原知 神旨，由2 17—20，知猶太人更知 神啓示之道。顧其所以偏離，可閱1 21 28 2 23，二族不惟不求曉悟，且皆離其已有之坦蕩正途，深入幽谷，遂同**爲無用** 文淺 "無用" 依希利尼文原指食物而言，如乳肉等類，初本可口有用，日久則腐敗而無用，且能戕人。性質之敗壞也既若是矣，其行爲自不待言，故曰 **無行善者其一亦無也** 十節言無義人，然不義之人未必不行一善，此則言行善者亦無其一，可見人完全有罪之心，所結之果爲何如耶。

十三節 心惡則言必惡，如主云，"惡人由內蘊之惡而發其惡" 蓋言爲心聲，充諸心者出諸口，太12 34 誠於中者形於外，此不易之理也。 神賦人以言語之能，使較萬物獨享其榮，則人依理當善用其能，以感恩而榮 神，乃心與言同變朽壞，其開口時，**厥喉如未封之墓**

喉下有惡心，猶墓中有腐屍，墓既未封，（淺文曰已開）則臭氣上沖，觸人輒傷，以喻人心汚穢，語言難聞，與　神之聖潔適相抵抗也。舌施詭詐　反對　神之誠實，人爲詭詐之言，雖皆不善，然未必皆存害人之意，惟此則脣藏蝮毒　"藏"　官和曰　"有"　如蝮之啓口，原有之毒隨之發出而傷人也，其言語之惡，尙堪設想乎。吾等爲基督徒者，其無負此天賦之能，口吐益人之詞焉可。（弗4 29見所列言語之罪一汚言二詐言三害人之言四咒言）

十四節　口盈呪詛荼苦　"荼苦"　如華人所謂之酸言辣語，人之爲此，有由於動怒而抑制無力者，雖云不當，猶可恕也，而此則背後訐揚，或憤詭詐之未成功，遂口盈而傾吐，不尤惡之至乎。

十五節　心惡者不祇言惡，行亦然也．本節乃指人心怨惡弟兄，（太5 21—22約一3 15）以至於殺，其足且疾趨以流人血　係惡行之劇者，國家輕啓戰禍，其罪尤重。

十六節　本節爲上節之結局，言易於動怒者所過之途，剪滅殘傷　慘狀難堪，如歐戰時法比所遭德軍之蹂躪，中國近數年各地所受土匪之刧掠然。

十七至十八節　此二節總溯人無義而有罪之源，一　不識平康之路　"不識"　有不贊成之意，亦有未嘗經歷之意，既列此款於罪案內，可知人不識眞路，厥罪非輕。二目前無　神之畏也（淺文）"目前無　神，"非　神不欲在其目前，乃言其甘心背　神，自行其道，此人爲惡之唯一原因也。人必目前有　神，蒙其指引，方能步履正道，否則無　神可畏，祇有魔之攝引，人將無所忌憚而爲鬼所爲矣。從知人不畏　神，誠險途也，乃人竟如1 21 25 28 32，不願有　神，自趨鬼門關何。

十九節　猶太人聽所引之經或以爲是，惟想此言與吾儕無關，實論異族之言。保羅曰非也，我儕知律所言乃爲律下者言之（爲字宜依官和作對）則上文言人無一義，猶太人自亦未之有也。"律"指上所引之聖經，而上所引，爲詩篇，爲以賽亞，爲箴言，無一爲摩西五經，耶穌於約10 34所云之律，亦指詩篇，詩82 6足見當時之律字爲舊約之公名也。（猶太學士嘗曰律分三段一律法二先知三經書）**以塞衆口使舉世服罪於神前**　神之目的，欲破猶太人唯一之倚所，以結人皆有罪之理，而啓因信稱義之端。夫異族有罪當受厥鞫，一章及前九節言之詳切，無可駁易，惟猶太人終覺有律可恃，以爲己有磐石之安，故保羅曰，爾有律之猶太人，其知　神賜律之意乎。

二十節　觀蓋字而知猶太人以爲可勝審判之倚所去矣，蓋於　神前無人因行律見義也。此言似與利18 5相反，第閱舊約他處，而知利未記所言之遵行，非如登殿祈禱之法利賽人，路18 10—12外守律文，甚於馬芹之微，亦獻其什一，太23 23乃注重內心實行律義於　神前，此則無人能負其擔也。顧何以無以之見義於　神前者，蓋由律法惟眞知罪耳

淺文　若云人可因守律而稱義，卽誤視律之作用，以律不能救人，其大用乃使人"知罪"。觀提前1 9，知律亦有管轄抑制惡人之用，不僅使人知罪。且使人知罪者不止律也，由本書2 15，知良心有此作用，閱約16 8，知聖靈使世自訟，而在此只提由律而知者，爲使人知依律求義之不可也。〇至此，人不第皆知有罪，且無所賴以得救，因人益知其罪，卽益知無得救之望，只可祈　神開恩耳，此下段施恩之法所由出也。

第二段　神稱人爲義之法　三章二十一至八章三十九節

宗旨由正面立論，謂世人雖有其罪，然　神因耶穌之代贖，稱信者爲義。3 21—5 21論稱義之道。6—8論成聖之道。

第一支　稱義大旨　3 21—30

要義 依舊律，人無義而無望，但依福音，神有白賜之義。是義也，一聖經為證。21二 使眾因信而生。22—23三 神施此恩，因耶穌為挽回祭。24—25上四 神由太古而有此謀，故可知其昔之寬容，並今如何稱罪人為義，而已不失為義。25下—26 由是一人不能依其功有所求於 神，神因以信稱義，功不在信者，乃在見信者。27—28二 猶太異族無高低之差，因 神唯一，除信之之法，無可賴以蒙恩者。29—30

第一層 來歷與施予 3 21—26

經文 今[二一] 神之義，於律外昭著，乃律與先知所證者。[二二]即 神之義因信耶穌基督及於諸信者，無所區別。[二三]蓋眾已獲罪，而歉 神之榮。[二四]惟因基督耶穌之救贖，賴 神之恩，不勞而見義。[二五] 神立耶穌為挽回之祭，俾信之者藉其血而獲宥，以彰 神之義。因其寬容不究既往之罪。[二六]今彰其義，致己為義，且義夫信耶穌者。

解釋 二十一節 由上段而知吾人不能因行律（即特功）稱義，然則尚有他法乎。夫 神既賜律於人，非廢之，即守之，此外更無稱義之道。然 神之律萬古不磨，點畫必存，太5 18 而律之實義，吾人又不能由內心實守，故不能得律之稱譽，乃“咸在罪下，”而將受　神怒明甚，但(見官和)今　神之義於律外昭著。“今”基督降世之後也。“律外”按原文爲形容詞，卽“今　神於律外之義昭著。”所謂律外之義者，言此義不本於守律之善行，如腓3 9“非以自乎律者爲己之義”也。是義也，何義也，　神之義也。非謂　神本性自具之義，乃　神所備以施於人之義也。言今昭著者，知昔時已有隱而不顯，今則大放光明顯示於衆前也。義既屬諸律外，其與律無關涉乎。曰，否，不然也，**乃律與先知所證者。**律何以作證，由希伯來書而知舊約儀節，聖殿器物，並二千餘年所獻之祭，皆預表基督而爲十字架之影，　神謀中早有代死之實意。啓13 8 先知何以作證，閱四福音書，而知救主如何生世，生於何地，如何爲人受人何迫，如何受死，死於何處，莫不由諸先知預爲説明。保羅何以贊此語乎。因當福音初傳之時，人多目爲異端，背乎聖經，稱之爲拿撒勒黨。保羅特言此道與“維生之詔”無不吻合，而　神之祕旨，遂普宣於大地矣。〇此節由1 16—17而來，保羅本欲言訖，1 17續闡此意，然恐人之不服，或覺已有足恃，故間以人皆有罪一段，使衆明己之缺，知己之險，而奔乎　神，信乎主以獲其義。

二十二節 觀卽字可知本節爲上節之對解,何發明上節之理,言“神之義”之得法,乃因信耶穌基督及於諸信者(按原文爲“藉在耶穌基督內之信而及於諸信者”)上信爲狀字,言神之義爲何類之義,下信爲動字,言人如何可得此義。彼恃律之義,行律而藉功.惟恃神之義,卽信主之義,乃藉信而得之者,不第所信者主,卽稱義得救亦莫非依信.非如太7 22之人,自恃爲主宣道逐鬼等功也。惜乎今仍有人存此謬妄之心,謂信主之後,仍必依功爲得救之副座。顧何以因信而及於諸信者,蓋無分別(淺文)卽言衆人皆用此法也,無論高若聖賢,低若罪囚,其得救稱義悉藉諸信,“無所區別”如凡得一症者必服一藥也。○此節與1 17“由信致信”意同,亦所以發揮其理。(“及於諸信者”乃立界限之言也,意謂此人不能因彼人之信直按見義,非己有信不可)

二十三節 本節首句乃申明上節“無所區別”之意,蓋衆已獲罪。此句統括1 18—3 20之言,使衆知因犯罪而合爲一團,如撒瑪利亞人與猶太人,按律不相往來,但閱路17 11—19,知九猶太人癩者,與一撒瑪利亞癩者,因同病而同處,且凡癩者皆不得進城,不分其癩之輕重,可見人之得救與其罪之大小亦無關,不必計校,因有罪卽歉 神之榮也。“榮”

字與約12 43之榮字同,原文δόξη稱讚之意,首句之有已字者,屬已往式,次句無之者,屬現時式,表人既有罪,卽常不得　神之稱讚也。

二十四節 由本節及下節知得稱義者誰也,非衆也,乃信者也。在此言稱義有不可缺之三事,一根本,卽賴　神之恩,此在稱義之先已有。二門路,卽因基督耶穌內之救贖,(內字原文見)三程式,卽如何可得,乃不勞而見義也。(賽55 1見字與2 13之稱字原文爲一字他仿此)既　神有恩可使人不勞(不若淺白之白)而稱義矣,何以尚必藉基督耶穌內之救贖以爲其門路乎,因　神不祗有恩,猶有其義,(義公也)　神雖欲施恩,然不能廢義,必耶穌代人死而贖人罪,神之義全而恩始施也。稱義者　神一時所爲也,非若成聖之工之長久也,何以原文爲今時式乎,蓋以一人言,雖屬一時,以人人言則屬今時,使人知　神稱義之恩,世世代代深而長也。

二十五節 本節上半乃發明上節"因基督耶穌內之救贖"之理,言其如何作救贖。在此原文無耶穌字樣,只有複牒代名詞,故依原文譯之,卽　神立之於其血內藉人之信作挽回祭。"於其血內"言耶穌流血代刑以贖人罪,爲　神一方面事。"藉人之信"則爲人一方面事。二方咸熙,則挽回祭作成矣。曰"挽回祭"者,因人有罪,　神赫然怒,耶穌代人獻身爲祭， 神怒消也。舊約時代，猶太人獻牛與羊，流其血以表贖罪之祭。夫“牛羊之血，不能除罪”（來10 4） 神何以許人行之乎。曰，表明一己身在 神怒下，當受死刑．二必有代受刑者， 神怒方息．三崇信所預兆之實祭，雖人不知此實祭爲何，然知天父必有其法代人受刑，靠其意而信之者斯得救矣。（今有多人不服耶穌代贖之說一謂此人之罪彼不能代二耶穌亦一人耳何能代天下人又伊等又恐不服此說則舊約獻祭之事無以解遂謂利未記不過猶太人由巴比倫同國時欲崇高祭司之檔乃預爲此書其對舊約雖巧爲之辯然於新約約1 29太26 17一29啓5 12等處其何以解之哉）俾信之者（卽“藉人之信”）謂實祭雖顯，人若不信，仍無與於其身， 神之怒猶在也。本節下使人知主死十字架尚有他意，卽以彰 神之義，“以”字（εἰς）指 神之宗旨，因其寬容不究既往之罪。由舊約哈1 13耶14 8結9 9賽5 19可知依人觀之， 神於人之惡，似無惡何之之心，致令多人疑其既往不究也．然四千餘年之間，公義之 神，非夢夢而沉睡，亦非任人犯罪而享其遐齡，一似罪無償値，且非 神無惡惡之心，不究厥愆也，乃自制，（“寬容”原文“自制”也）而不彰其怒耳．觀於因人之罪致主之死， 神忍其子死於十字架，則其惡惡之至於何極，可想見已。“不究”（πάρεσιν）原文越過之意，言 神非不究人之罪，乃因耶穌彰 神之義， 神遂暫越之也。

二十六節　上節言　神義之彰，本節則言彰於何時，曰，**今彰其義**　依原文此節冠以介系詞 πρὸς 爲也，表明　神之目的，其越過既往之罪者，„爲要在今時彰其義"而所以彰其義者，一**致己爲義**　蓋　神罰惡之公理，未嘗廢除，其寬容疇昔之罪，不過暫越而已，其越之非不義也，乃爲今於十字架之主而彰之，致人不能疑　神之不義也。二**且義夫信耶穌者**，„信耶穌者"原文 τὸν ἐκ πίστεως Ἰησοῦ 卽„彼以信耶穌作其爲人之大綱"信耶穌者，罪既歸於耶穌，　神因基督之功，卽赦其罪而稱之爲義也。由是　神之義圓滿無缺，則凡欲離其罪而依耶穌爲贖祭者，　神既去其不可赦罪之故，卽可逕隨其慈心而施其恩愛矣。〇此層係保羅由 1 16—17 大題之發揮，全書精義悉萃於此，以下所論祗爲答辯及訓誨耳。

第二層　訓誨 3 27—30

經文　二七 然則所誇安在乎，曰，無之矣。以何律無之，以行之律乎，曰，非也，以信之律耳。二八 故我謂人見義由乎信，非由行律也。二九 夫　神獨猶太人之　神乎，非亦異邦人之　神乎，誠亦異邦人之　神也。三十 神惟一，由信而義受割者，亦由信而義未受制者。

訓一 世人既皆有罪，3 9 又皆因賴耶穌非依己功得義，3 22 則無所用其自誇。27—28

解釋 二十七節 由九節上知猶太人以爲愈於他人，謂　神恩施格外，賜其可以得救之律，而九節下及十節，則見控爲罪人，有經書爲鐵證，不禁爽然自失。又由二十節知在　神前無人因行律稱義，然則所誇安在乎。只可曰無之矣。猶太人必曰，以何律無之，豈他人亦以行之律乎。"律"非律例也，乃法也，定理也。（見淺文）謂我之無可誇口者，其無之也，由於何法，（或曰何理）或他人尙有立功行之法乎。保羅答曰非也，以信之律耳。夫以信之法，何以無可誇口。一因依　神所立信仰之法，卽承認己之無法。二只可誇救我者，非我也，主也，如有惡疾者求醫而愈，尙能自誇，而不誇醫士之技術與藥力乎，故保羅曰，我無所誇，惟誇我主耶穌基督之十架耳。加6 14

二十八節 本節冠首之字，或依 B C D ↄ K L P 作故字，或依 χ A D E F G 作因字，多有異議，但細思之，故不如因，不第古卷之有輕重，亦以理之所在不得不然，蓋本節之理乃言所以不能自誇之故，因我謂人見義由乎信，非由行律也。"非由行律"依原文爲"與行律無關。“謂善行一可證信心爲眞，二可榮　神得人，三可得賞於來生。非無其大用也，然與稱義則毫無關涉也。若以爲有關，則視主功爲有虧缺，與天主教之言人得救必賴主功，尤須加以己功始圓滿者，有同誤矣。

訓二　稱義之主惟一，故稱義之道亦惟一。29—30

二十九節　夫　神獨猶太人之　神乎？此以詰問語氣言其不然，而官和之“難道　神……”……尤合，蓋若依猶太人之言，必行律守割而始得救，則“神獨爲猶太人之　神”而“非亦異邦人之　神”矣。若異邦因無摩西之律與割禮，不得見義，則保羅之理論皆廢矣，有是理乎？按諸聖經申6:4只有一　神，耶10:7　神爲萬邦之王，故猶太人只可應之曰，“然也”（淺文）“亦異邦人之　神也”。

三十節　本節爲上節之結文，言　神惟一，視人又無或偏，2:10—11其救人之法自有獨而無偶。若云有他術焉，斯與一　神之道（二十九節之爲公理）相牴觸矣，如是則由一信而義及“受割者”與“未受割者”。

第二支　因信稱義適合舊約不廢　神律　3:31—4:25

要義 保羅持定因信稱義之道，恐猶太人謂其廢律，(指舊約)故以3 31爲題，言不惟不廢，且於律而堅之。以四章之言，逐層證明，解釋羣疑。第一層以亞伯拉罕因信稱義1—5及大衛頌讚之言6—8爲憑。第二層言其道與割禮無關。9—12第三層言亞伯拉罕受許因信非因律。13—17第四層言福音之信與亞伯拉罕之信相同。17—25

經文 (三一)然則我儕以信廢律乎。曰，非也，乃堅律耳。(此節律字即舊約也)

解釋 (三十一節)按創17 14知男子不受割禮，即爲廢　神之律，而律之不容廢，又盡人而知。今保羅言未受割者因信得與受割者共同稱義，猶太人焉得不懷疑而詰之曰，然則我儕以信廢律乎。保羅曰非也，乃堅律耳。　神之律既不能因吾人而廢，何以能因吾人而堅之乎。曰，因吾人能證明而堅之也。如理化家發明而堅之理，人尋得諸事與之適合，則其理被證明堅而定之矣。三章末句爲下章之題旨。

第一層 第一據 以聖經論亞伯拉罕爲憑 4 1—5

經文 (四章一)如是，試問我祖亞伯拉罕依其形軀所得者何耶。(二)亞伯拉罕若因行見義，則有可誇。然於　神前則無之。(三)經何云乎，亞伯拉罕信　神，　神遂以其信爲義也。〔四〕夫行者得賞，非爲恩，乃其所宜。〔五〕不行者，第信其稱不虔之人爲義，其信即以之爲義矣。

解釋　四章一節　本章言堅律之據凡四，何以多取亞伯拉罕乎。蓋亞伯拉罕之稱義，已成鐵案，人皆信之，使取他人，不免議論橫生，而亞伯拉罕之稱義，不必證明，只證其得之之法足矣。夫人之稱義，或因功或因信，當時人意見衝突，聚訟莫決，保羅曰若人可因功而稱義，則功之大者當莫我祖亞伯拉罕若矣，但試問我祖亞伯拉罕依其形軀所得者何耶。„形軀"原文作肉體，指立功之具。其時猶太人之所謂功，不外乎割禮等事，皆憑肉體而行，故言„依其肉體云云"其意乃問先祖憑肉體之工作，於稱義有何利益之得，以便引起下論。

二節　首二句乃保羅所用欲擒先縱之法，姑可認反對者之意見，以爲下文否認張本，因而曰亞伯拉罕若因行見義，則有可誇。„若"字所轄之言，其理良是，若彼因行可以見義，能謂無可誇乎，然於　神前則無之也。李德泐云，若按猶太人淺見，亞伯拉罕因行見義，於　神前亦有可誇，能謂我之見義，乃　神有負於我。然亞伯拉罕未嘗一出是言，可

知其於　神前見義，非由於行也。

三節 本節之首，宜有一蓋字．淺文謂何以知其無可誇，上言反面此言正面蓋經不云乎，亞伯拉罕信　神　神遂以其信爲義也。既曰，"以其信爲義，"則非因功矣，而誇口之處安在乎。

四節 保羅已證明亞伯拉罕之因信稱義，但恃功之法，人所易於誤認，故進論之以闢其謬曰，若亞伯拉罕因功見義，則創世記必言得義，以行者得賞非爲恩乃其所宜無如非也，乃因信而以之或曰稱之爲義也。以或稱皆不如官和之算爲義尤合原文

五節 本節言何人得以爲義，乃　不行者，第信其稱不虔之人爲義，其信卽以之爲義矣。可知人之稱義，全由於　神．信徒身負多愆，立主案下，無以昂首，只對　神曰，爾之子耶穌已爲我死而贖我罪，我今將信而賴之之心獻諸我父．　神則曰，其功足矣，爾爲義矣。○亞伯拉罕若因功見義，則有可誇，若因信見義，則無可誇．但聖經只云"其信卽以之爲其義．"是按理其無可誇，且聖經未載其誇功之詞．故從聖經之定言，並察亞伯拉罕之行爲，可見其必無功足恃．亞伯拉罕猶如是，況其下焉者乎。

第二據　以大衛之言爲憑 4 6—8

經文 六又如大衛謂 神於行之外而義之者爲有福。七曰其過得宥，其罪得掩者福矣。八主不以爲有罪者福矣。

解釋 六至八節 保羅欲證稱義之由於信，先以亞伯拉罕爲憑，誠覺得力矣．茲復取大衛者，何也．蓋大衛不第爲人所景仰， 神亦爲之作證，謂其愜我之心，行我之旨，徒13 22 故大衛之見義於 神，無所庸疑，取其言以爲據，亦甚得力也。正如大衛論人在行之外而得神以之爲義者謂之有福。淺文 本節承上節而言不行者因信爲義之理．七八節則言其憑證，其文採諸詩22篇大衛論己之言。大衛出此言時，適値其犯瀰天之罪之後，不惟無功可恃，抑且罪不容誅，按代數之理表之，其功當爲負數。但大衛仍言其有福者，一因 神宥其過而掩其罪．7 二因 神不以之爲有罪．8 三既不以爲爲有罪，自必以爲有義福也矣。在此大衛未言因信而稱義，然自古相傳稱義之法，不外功信二途，大衛既非因功而得，其因信也，猶不至明且白乎。況觀"宥過""掩罪"之言，明見大衛罪過深重，則所蒙之福，必非其所應有．惟 神不能廢其義而以罪爲義，則所稱者爲"行外之義"亦卽"信仰之義"尚有疑慮也乎。由是而因信稱義之道，誰謂與舊約不契合而堅之哉。

第二層 第三據 亞伯拉罕稱義與割禮無關 4 9—12

經文 [九]是福也，及於受割者乎，抑亦及於未受割者乎。蓋我所謂亞伯拉罕之信卽以之爲義也。[十]何以爲義，在割乎，抑在未割乎。非在割，乃在未割也。[十一]且亞伯拉罕受割之號，卽其未受割，因信得義之印證。使爲凡未割而信者之父，致彼稱義。[十二]亦爲受割者之父，卽不第自乎割，亦踐我父亞伯拉罕未割時而信之迹者也。

解釋 九至十節 保羅於1—8取亞伯拉罕大衛爲因信見義之據，無人不示首肯。但猶太人必曰，若二人之稱義，雖皆由於信，然皆受割者也。竊謂欲得救者，必依例受割，否則有所不能爲。徒15 5 此本層之理所由來也。保羅欲使猶太人自思其理，故曰，**是福也，及於受割者乎，抑亦及於未受割者乎。**若云二者皆得，則受割有何可貴，不受有何可賤，受與未受想皆無甚關要也。是理也，非保羅當時之發明，閱加5 6 林前7 19，知其早揭此幕，謂割與未割之無足重輕。何也，**蓋我所謂亞伯拉罕之信卽以之爲義。**未論其受割與否也。夫亞伯拉罕九十九歲始受割禮，至百七十五歲而卒，是其爲人也，亦受割禮，亦未受割禮，其爲未受割之人九十九年，爲受割之人七十六年，如此而欲定稱義之恃割與否惟當以其時考之。如何以之爲義，受割之後乎，抑受割之先乎。(淺文)按創15 6亞伯拉罕稱義之時，以實馬利猶未之生，其家衆受割禮時，以實馬利已十三周，是亞伯拉罕之稱義，至少在受割之先十四年也，故曰非受割之後，乃受割之先(淺文)也。既在受割之先，則亞伯拉罕稱義，(即得救)之不恃割禮也明矣，而謂他人必受割禮始得救乎．然則徒15 1之人，何立足餘地之有．其言之謬，亦不攻而自破矣。

十一節上　保羅已言亞伯拉罕割前稱義，人必問如此則割禮之益何在，　神何以必欲其受之乎。則答之曰，亞伯罕拉受割之號，即其未受割因信爲義之印證。由此而知亞伯拉罕之受割無非爲其印證．按立約之法，必先有立約之實，而後始加印證，未有無其實而能有印證者也。是亞伯拉罕之受割，非爲己之得救謀．蓋亞伯拉罕已見稱爲義，卽於未受割之十四年內逝世，猶能不得救乎。不過　神假此割禮爲印證，以堅其信，與來6 17—18之意略同。是割禮雖有益，亦只此益也。(上半節若以括號括之則其意更顯)

十一節下　在此三漢譯皆與原文及英譯不合，茲依其原文譯之，且不與本節上半相連，而與十節相連，卽曰 神使亞伯拉罕稱義於未受割時，使其爲凡信者（縱未受割者）之父，致彼稱義。 ,,父" 字非爲所生之意，乃爲首領或模範之意．言亞伯拉罕稱義於信，使凡信者皆以之爲首領，由其樣式而稱義也。

十二節 上節所言之信者，括受割未受二類．亞伯拉罕稱義於未割時，已使未割而信者以之爲父而致義．然其受割時亦稱義，故 亦爲受割者之父， 使受割者亦得稱義。保羅恐猶太人聞此言而槼守此禮，忘其原意，故復爲之解曰， 卽不第自乎割，亦踐我父亞伯拉罕未割時而信之迹者也。此言稱義不在割禮，而在其禮代表之信仰．可見異邦無須效猶太人之行割，而猶太人轉須效異邦之信心，因其父亞伯拉罕在未割時有信迹也。

○今教中受洗領餐二聖禮，與割禮之意相若，主既命人遵守，信徒自當遵主命作證於衆前，以堅己之信德，若謂恃此足以得救，則誤甚矣。

第三層 第四據 亞伯拉罕承嗣之許因信而得 4 13—17

經文 蓋[十三] 神許亞伯拉罕及其裔承嗣世界，非由律，乃由因信之義。[十四]若由律者爲嗣，信則虛，許亦廢矣。[十五]蓋律以致怒，無律則無犯。[十六]故由乎信而依乎恩，致堅所許於諸裔，不第於宗律者，亦於宗亞伯拉罕之信者。亞伯拉罕於所信之神前，爲我衆之父，如經云我立爾爲萬邦之父，夫神即甦諸死者，命無爲有者也。〔十七〕

解釋　十三節　蓋字與 3 31 相連，謂律外之信，“不廢律而堅律”之第四據。非惟我保羅言之，聖經已先言及，蓋創 17 4—6 22 17—18 神一次許亞伯拉罕及其裔承嗣世界，非由律乃由因信之義（“因信之義”原文無因字直曰“信之義”）也。“裔”指基督，加 3 16 第由但 7 22 27 聖民得國之言，知凡信者同與有分。“世界”指列國，詩 2 8 及其權榮，但 7 13—14 言吾人在基督內，一切皆歸於我矣。“律”指摩西所立，後於亞伯拉罕四百三十年，能謂其許由律而不由於信乎。（律有時指舊約有時指摩西律例當時人提舊約或提摩西律例只以此一律字保羅亦唯依時人之用法而用之耳）閱來 11 13，知神雖以此許亞伯拉罕，然尚未全得，即信徒今日亦未全得，迨主復臨時，必皆應驗也。

十四節　本節乃申明得許非由於律之故，是以冠以蓋（淺文）字，謂承嗣乃神在昔所許，所以非因律者，蓋若由律者爲嗣，而一信則虛。觀來 6 13—18 知神不惟有許，並證以誓，凡（義有二一因功而得一因信而得保羅名之爲功之義及信之義）

憑信而承受之者不能歸於空也。且初因信而許，若謂由於律，則〃許亦廢矣。但由加3

17—18 知此許絕不能廢。其一保羅不須加證，因上文已證明亞伯拉罕之稱義，實因信得之，此信不虛之鐵證也。其二則詳下節。

十五節 首句解明上節,,許亦廢矣“之理，謂人至終恃律，何以許必廢乎，蓋律以致怒也。何以怒，由次句而知有律則有犯，有犯則 神怒，既怒矣，而謂所許必可得哉。如吾人許人以賜，後伊竟觸我之怒，令我責之不遑，焉有必予以所許之望乎。故 神之許若由於律，則所許盡廢矣。次句之首原文有一δε但字，保羅特爲倒置其理，謂若非由律，則吾人得許之道無阻，因律以致怒。但無律則無犯，無犯則無怒，無怒則吾人可得許也。,,無犯“非言無罪，因過犯固爲罪，而罪不止過犯，凡不合 神性者皆謂之罪，而過犯則惟言干犯一定律者也。既干犯之，如世之王法，觸之者必受其刑，但王曰，爾民其效我並依我赦罪之法，則能因無命令之律而施赦罪之恩矣。律既若是之無效， 神不使許由之而得，宜乎幸哉。

十六至十七節 十六節末句與十七節三漢譯皆不甚合，試依原文而序譯之，故由乎信而依乎恩，致堅所許於諸裔，不第於宗律者，亦於宗亞伯拉罕之信者。亞伯拉罕即我衆之父，（如所記,,我立爾爲萬邦之父'')在其所信者之前， 神也，卽命死人復甦，且呼無者如有者也。"十五節言律有廢許之弊而信無之，故人由乎信而主依乎恩，不依乎律，使人因信而得 神之恩也。此保羅結其上文之語，謂以信而得之福，必賴賜者之恩，則人更無可誇，乃

神使亞伯拉罕由信得許之一目的也。其第二目的，卽堅所許於諸裔。曰,,堅''者，因信爲人人所能有，非如律爲人人所難守，今既依信之法，則 神之許堅矣。況乎以律則異邦未守摩西之誡，固無得許之望．卽猶太人亦未能完守斯誡，而退處於不得許之地，惟,,由信依恩''，則不第於宗律之裔，能得斯許，卽無律之異族，亦能因宗亞伯拉罕之信而獲之。當時信主之法利賽人，謂必律下之信徒方能得救，誠如是，吾人必先爲猶太人而後爲主徒，不第滅異族信道之數，且不滿意於主十字架之功矣，可乎。顧何以必宗亞伯拉罕，因其卽我衆之父，卽爲我衆之首，使凡效其式而踐其信迹者，皆如伊之得所許也。十六十七兩節分法不合應將十六節末句歸十七節解之方不背原意 如所記 保羅引聖經作亞伯拉罕爲,,我衆之父''之證，因聖經非言立爾爲一國猶太之父，乃曰我立爾爲萬邦之父．此保羅引創 17 4—5 兩節之言也。其,,萬邦''字義，與創 28 3 35 11 47 4 三節所言．以希伯來文觀之，判然不同，

後三節之萬邦，乃聯邦之意，如美之爲合衆國，德之爲聯邦制者．前兩節所言，則指獨立而
不相統屬之各國。保羅引用之，適合其原意，亦與創 26 3—4 27 13—14 之意合，因亞伯拉罕
之爲父，非在人前，乃在其所信者之前，　神也．而萬邦從其模範，即可爲其靈裔也。加
3· 29 4 28 末二句乃爲本章結文而備，以作下層 18—25 之大題．所信之神爲誰，即命
死人復甦且呼無者如有者也，表亞伯拉罕信　神至何地步也。保羅恐有同族，見上
文之言而詰之曰，爾言有信，吾未有乎．爾言信亞伯拉罕所信之　神，吾非亦信之乎。然爾
所宣之道，乃信耶穌復起、而亞伯拉罕無此信也．故贅以此語曰，否否，亞伯拉罕之信　神，
與福音之信無異，因其信　神"命死人復甦，"使以撒由已死之人（指生產言）生世。及其長大，
猶不惜獻而焚之，創 22 1—13 以爲　神必使之復起，來 11 19 以其信爾裔必由以撒而生
之言創 21 12 必驗也。是伊信人之復甦，吾信主之復起，爲信不亦一乎。且信　神爲"呼無
者如有者也，"亞伯拉罕年已九十有九，其妻撒拉亦屆九秩，以子言可曰"無者"矣。乃
神"呼"曰，爾之後裔若何若何，創 17 7—8 爾妻必生一子，名爲以撒，洵呼無者如"
有者"矣。亞伯拉罕誠信無疑，其信之大猶不足爲萬邦信衆之父乎。（此理對猶太人言甚爲得力，蓋猶太人皆）

知生於以撒見己身卽悟　神使死者甦矣

第四層　結文　吾人在基督內稱義之信與亞伯拉罕之信性質相同 4 18—25

經文　十八亞伯拉罕雖已絕望猶望而信，致爲諸邦之父，如經云，爾裔將若星
然○十九彼雖年近百齡，自念其身如死，撒拉絕孕，而其信不衰。二十且於　神所許，不以
不信而貳其心，惟信彌篤，歸榮於○二一　神深信　神所許者，必能成之。二二故因其信
以之爲義。○二三夫經所載以之爲義者，不第爲彼，亦爲我儕，二四卽信使我主耶穌自死
而起者，亦將以之爲義也。○二五夫耶穌爲我罪愆而被付，且爲我見義而復起焉。

解釋　十八節　首二句非譯也，釋也。在此淺文之“望外仍望”，雖較文和之“絕望猶望”差勝，然仍不適合，因其原文爲“彼逆望於望而信。”上望爲常人之望，下望爲　神之許所生之望。亞伯拉罕與其妻年衰無生，常人處此無望矣．伊仍堅信不疑，誠逆望也，不顧難也，因其只顧神之許，謂　神之言必不落空，遂於此生望而信也，致爲諸邦之父，由“致“字可知此爲　神之目的，其目的維何，卽使亞伯拉罕爲諸邦中有其信者之首。如先

所云爾　必將如此。淺文 保羅在此引創15 5下半之言．所謂,,如此“者，言如星之多
也，卽萬邦之信者也，乃只引其半者，因此言爲猶太人所稔知，一提而悉其全意也。
十九節 亞伯拉罕誠逆望於望而信矣，顧其信爲盲信乎．非也，因彼　自念其身如死，撒拉
孕絕．,,自念“有古卷作,,不念“然本譯所從之古稿如ℵB等較他古卷爲優 雖明知按人道生子之難，仍信之也，故曰其
信不衰　,,不衰“淺文曰,,不懦“，言其信強有力也。,,絕“原文死狀乃無生之能力也
二十至二十一節 由19—21知亞伯拉罕之信，有可取者三．一對於　神使死者復甦之能，雖未覩
其效，仍懷充分之信仰。觀徒26 8知此信之不易 二其信爲排除萬難之信，己身如死，撒拉孕絕，有所不
顧．且於　神所許不以不信而貳其心　雖生子之事，撒拉且笑而不信，伊仍堅定不
移，誠所謂難愈多而,,信彌篤“．英雄之信也，亦信之英雄也。三因其信而歸榮於　神
何也．彼深信　神所許者必能成之．雖在常理之外，爲己思慮所不及者，有　神之許，
卽覺可恃，放步直前，不須瞻顧徬徨也。○由此可知吾人所求之事，若爲　神所許，求則得
之．不許，則惟憑　神意，　神雖能作，弗3 20然未必作也。
二十二節 故字承上文，言世人信　神之有信，　神賞善罰惡，此按常理之信，雖有其益，究非稱

義之信．惟亞伯拉罕越軼常理，惟憑　神言．因彼依　神若此，故　神以其信爲義文淺也。夫　神許亞伯拉罕生子，其信之此信卽得稱爲義乎．若觀創22 18及約8 56，知　神許之子，不惟指以撒亦指基督，知己必賴其子得救。此亞伯拉罕稱義之信也，謂與我儕之信有異也哉。

二十三至二十四節　夫亞伯拉罕已逝世矣，而　神令摩西記其一切，如經所載以之爲義者何也．一爲彼．爲亞伯拉罕之榮譽也，由雅2 23知當時人皆稱其爲　神之友，如主之稱信徒爲友約15 15也。二　„不第爲彼“亦爲我儕．記亞伯拉罕因信稱義，乃指人以稱義之正路。人皆知亞伯拉罕業已見義，若吾儕踐其信迹而　„信使我主耶穌自死而起者“　神對人類，一視同仁，無所偏私，亦將以吾儕爲義也。

二十五節　上節保羅已作結束之語矣，且將亞伯拉罕之信，與吾儕信主復起之信，相關之理已證明矣，何爲復贅以本節之言乎。曰，恐人謬視信主復起，爲使人稱義之信也．不知人信耶穌爲我罪愆而被付．思及己罪，非主代贖，則無得救之望，因生悔改之心。且信主贖罪之功已成，則爲我見義而復起焉。„復起“爲主贖罪祭蒙悅納之據，人知而信之，其信始不徒然，（林前15 17）非然者，主雖死，人仍在罪中也。（本節二"爲"字，有以爲同意者，不若以第一"爲"有因爲之意，第二"爲"有要之意更清晰而易解也）

第三支　因信稱義足恃信徒可以安心（五章全）

要義　恃功得義，傳之有年，一日謂非功爲恃，惟信是憑，竊謂素昔恃功者，必駭而詰之曰，此因信之法，可以之爲堡障乎，無可見之功，人心其克安乎．此保羅所以爲此五章之言也。按保羅所言以信稱義，乃現在安心之砥柱，將來永生之左劵，如磐石焉，如中保焉，實爲可恃，無足疑者。一以信徒之經歷爲據，（1—5上）二以父　神於基督所顯之慈愛爲據，（5下—11）三以　神罪人宥人貫以一例爲據。（12—21）有是三端，彼妄疑眞道爲欺人者可以棄厥昧心，屏其邪見而專信基督矣。

第一層（第一據）　以信徒之經歷爲據（5 1—5上）

經文（五章一）是以我儕既因信見義，則由我主耶穌基督和於　神。（二）亦由之以信而進於今所止之恩，且以望　神之榮爲樂。（三）不第此也，亦樂於患難，蓋知患難生强忍，（四）强忍生練達，練達生希望，（五）而希望不啟羞。

解釋 五章一節 **是以**緊承上章24一25，信主者 神以爲義，有耶穌復起爲證。是以我儕既因信見義。„見義“按原文爲已見義，而經歷據中之第一條，卽信徒**由我主耶穌基督和於 神也**。„相和“（淺文）分 神人二方. 神昔因人犯罪顯怒於衆，1 18 今則因耶穌之功而 神怒消。人初以 神之怒而憎 神，兹見耶穌之死而知 神之恩，故雙方輯睦。如二久結寃仇之家，經人調解，消釋前嫌，雖不能謂由兹以往，無些微意見過失，但爲敵之心去矣. 如此 神人相和，亦非謂信徒心常泰然，無稍罪 神之處，乃與 神式好無尤之意也。回憶昔年羅 神震怒之下，慄慄畏懼，若隕於淵，今則以信而坦然至 神座前，爲父子如初，尙謂信以稱義之法，不足恃乎。此眞信徒經歷之實迹也，保羅在此未言其憑證，何也. 蓋此心內之事，不能以言語形容，只可方寸揣摩，如人腹內疼楚，心中安適，可言之不可證也. 然亞伯拉罕以信稱爲 神之友（相和）矣，保羅曰，今復有我爲憑，何不可恃之有。彼世之恃功者，閱此節自不得其意，然由來10 2 而知其行律獻祭，心時歉仄。保羅前亦爲獻祭之人，今則因主一次成功， 神怒消除. 信徒與 神一家，雖有他事焦著於心，未能無時不適，然對此相和之道，固無所庸其疑焉。

二節 本節上以經歷言因信足恃之第二條，卽我儕由之以信而進於今所止之恩。”進“原文作已進，指初信時而言。按專制時代，人欲見君，必有人引進，稱曰引見，在此原文亦引見之意，因吾人有罪不敢見 神。幸主耶穌爲我中保，一手接 神，一手接人，引之而見萬君之君。弗 2 18 3 12 約伯早有此望，伯 9 33 惜其未得，今保羅自言幸而得之，樂何如耶。”止“淺文作處，官和作站，長久之意，謂此稱義之”恩“（自首章至此未提他恩）爲永久之益，主引我至天父前，使我止於至善也。（引及止乃本節上半之二要意）上節已提”以信“本節何以又行提及，蓋使人認定信有足恃，功不可靠。且按原文自首至此，言信者三十六次，由此至 9 30，除 6 8 再未提及，（彼節之信字亦非依賴之意）故於此一提而再提，使人準知信徒得義之福，由信而非由功也。願保羅何以自知其已稱義乎。一聖靈在心爲證，8 16 二由人知己，亞伯拉罕已留芳蹤，我附其尾而步其武，同走一途，猶不同至一地乎。唯人心內有聖靈之證者，常慰而樂，無其據只行此道者，義雖同稱，憂苦難免。如二病者同求醫士之診治，一人深信醫士技術之高，藥料之精，心內常覺其樂而愈，一人雖不深信，屢覺抑鬱，然依醫士之法而服其藥，亦可愈也，特無若人之快愉耳。本人約翰著天路歷程時，亦嘗道及此意。（由”進“字知保羅必思及初信時之美滿，而次句之樂）

有由來矣且以望　神之榮爲樂。此以信見義由經歷，可恃之第三條也。,,望　神之榮,"言所望係，　神之榮，卽　神所將賜之榮。約17 22 西3 4 帖前2 12 約3 2 啓21 12 天父賜人此望，人卽以之爲樂，如亞伯拉罕年已近百，因　神賜以生子之望，信　神之許必成，遂以望而樂。若恃功者由來10 1—4知其望小而暫，時覺罪之未除，況亞伯拉罕4 3 摩西來11 27—28以利亞處以色列國未赴聖殿獻祭皆以信而獲美名，三人者猶太人中望也舉斯三人者可以概其餘矣而以功見稱者誰乎。

三至五節上　信徒經歷苦難，爲其以信見義可恃之第四條。不第此也。亦樂於患難。此據尤爲確切。人於望而樂，遇福而樂，無不能之，惟處患難而樂，則不易易，然則信徒心中所得之足恃，更可知已。夫神慈愛無疆者也，其使人遇患難者，何哉。一因以吾人爲子，患難爲其懲治，　神以爲甚有價値。來12 7—8 二使吾人去瑕疵而得聖潔。來12 9 三卽使人因患難生強忍。,,強忍"不得不忍勉勵爲之之意也。如船艮泛海，雅不欲遭颶風惡浪，然風浪之遇不能幸免，不遇則末由增益其力克任厥重。當其一風未息一風又起，此浪未平彼浪又掀之際，簸盪迭來，強忍遂,,生，"不爲患難所勝，反有以勝斯患難。古之摩西約伯皆嘗肄業於此。今之信徒屢遇魔試，困難頻仍，非如土薄有石苗發即萎之地，太13 5—6 20—12 必由強忍而生練達。"練達"人由耐苦而得處難之法，在信道上有技藝之謂也．不惟有益於己，藉以處置他難，亦可扶助他人，使其以我之術爲救星，再遇難時不第不生疑懼，反生希望。如約八十年前有船長某航大西洋，途中霧氣瀰漫，海天晦冥，不覩日星者數晝夜，某焦急之餘，忽悟一推經緯度之新法，Sumner's Method 依之駛入海口。後則無論何精明之船長，當危急存亡之頃，皆可依其術除疑慮而生希望，而其希望，得勝之希望也，尚"啓羞"之有乎。夫患難之來也雖一，然在不信主者則心躁而急，怨天尤人，非徒無益，而有害之。若在信徒，則一不忍而再加之，再不忍而又加之，直覺與主同負一軛之時，學主式而始獲安焉。太11 29 觀下層可知信徒因主之愛在末日則更不至於羞恥但12 2

第二層 第二據 以父 神在基督所顯之慈愛爲據

5 5下—11

經文 緣[五] 神之愛，由賜我之聖靈灌溉我心。[六] 蓋我儕尚弱時，基督依期爲不虔者死。[七] 夫爲義人死者，僅或有之，爲善人死者，容或敢焉。[八] 惟我尚爲罪人時，基督爲我死， 神之愛於此而彰。[九] 今既因其血見義，不更由之得救免怒乎。[十] 蓋我儕尚爲敵時，由其子之死得復和於 神。既已復和，更必於其生得救矣。[十一] 不第此也，且因我主耶穌基督，樂夫 神，卽今所由而得復和者也。

解釋 五節下 上言由練達而生希望，不至啓羞，乃爲公理。此則言信徒之望尤爲可恃。緣**神之愛由賜我之聖靈灌漑我心**。此聖靈之證，內證也。如爲子者以愛其父而望襲遺產，其望或不足恃，若準知其父愛伊，則所望有根有基。如此信徒知非我愛 神，乃 神愛我，其護庇，其懲治，足證其愛施及我身，變化我衷。此等覺悟非 神由聖靈所賜之恩，啓沃我心，何以致之。（觀綠字便知首次二據有密切之關係，信徒有此經歷乃根於神之慈愛）

六節 此上節 神愛我之外證也，蓋基督爲我儕死，足彰 神愛之大。若知„我儕“爲何如人，則 神之愛尤彰。**尚弱時**。„弱“卑鄙怯懦，無志無力，不能爲善之意也。**基督依期爲不虔者死**。„不虔“原文 ἀσεβῶν 雖原有不虔之意，然譯爲不虔則爲意不足。宜和曰，„罪人“，亦不甚合。乃„惡人“之意，如詩2 1„謀算虛妄“，言其人行善雖弱，爲惡則甚強也。吾人可厭可怒若此， 神不因以延其猷而緩其恩，尚„依期“使基督爲之死，神之愛不愈以彰乎。

七至八節　上節彰　神愛之大，此以人對待之理，彰　神之愛何如其大。人於近親（父母兄弟妻子）之愛之外，其極大之愛，乃如約15 13所言，"爲友捐生"，然非爲每友，不過"**爲義人死者僅或有之**。""僅或有"謂其事不可謂之非有，而又"難乎其有"（淺文）所見亦罕之意也，蓋"義人"心存公正，行其所宜，人雖服其所爲，卻無感人之力，所謂尊而弗親，敬而弗愛，不能動人爲之死之心也。二　**爲善人死者容或敢焉**，"容或敢"較僅或有語氣稍強，意謂其事雖不數覯，尚有敢爲者也．蓋"善人"好善樂施，恩及他人，人爲所感，容或爲之奮不顧生也。爲義人或善人死，以人視之，愛已達於極度矣，惟以較"神向我儕"（淺文）之愛，則不啻天淵之判，以**我尚爲罪人**爲　神之仇敵時，"**基督爲我死**"矣。夫　**神之愛如此而彰**，若是其極，而謂予人以不可恃之救法，其孰信之。

九節　此節承六節之理推進一層立言，謂在我無可愛之時，　神尚如此愛我，況（淺文）**今既因其血見義，不更因之得救免怒乎**。見義較免怒爲難，因見義必"因其血"。　神既於此重且大者，捨其子而行之，況其他乎．人不必再懼　神怒未免，得救難憑，作自欺之輩

也。既見義矣何以又曰免怒乎．蓋吾人見義之後，尚有每日所犯觸　神之怒之罪．由來7
25約一2 1，知主常爲我祈，以息　神怒，如約13 10主曰，„既浴者祇須濯足，則爲全潔“
矣。在此保羅未言見義因恩，3 24因信，5 1因行，雅2 21乃曰因其血者，以恩係人見義之
淵源．信爲人見義之利器．行證人見義之結果，而主之血則爲人見義於　神之基址，因此
血爲馨香，弗5 2在　神前能力絕大也。參閱上節，知　神向人之愛遂有進境，爲罪人時
愛之見義之後尤愛之至。　神何以愛罪人，除因有其形像之外吾人不悉其他故之有，惟
見義之後，則其愛人之故有可見者，一在吾儕爲其所自選．人對所選之地與物，必格外留
意其間，　神亦是也。二因其子爲我受死．吾所愛者若有所愛，吾亦必愛之，　神之子既若
是愛我，　神猶能不愛其子所愛乎。三信其子者卽榮其子．父既愛子，自愛榮其子者矣。
十節　本節乃證明上節之理之確，而使吾儕更放懷信仰．蓋我儕尚爲敵時．„爲敵“非謂
人對　神所存迕逆之念，乃指　神如何視人．　神視人爲敵時，人尚能由其子之死復
和於　神，得免震怒，况既復和，將於其生益得救哉。淺文在此係證明二力之大小，使
人知得救之可必．一敵時尚得與和，和時更若何乎．二死之力尚若是其大，生之力更若何

乎．總之，　神因愛其子而愛我儕不必復忐忑於懷也。夫　神爲何愛其子乎．一子爲三位
之一．二子之死，不祗爲吾儕，亦爲　神，彰其義不虧其榮．3 25—26 三以死救人，合　神好
生之德．弗 5 2 四主好義惡惡．　神特膏之。來 1 9 　神何以因其子而使我得救乎．蓋
神既若是之愛其子，其子復生爲我祈禱，爲力自不待言，且主爲爲之舍命者而祈，焉能不
懇而切．既憑己之血，來 9 12 24 復憑　神之許，詩 2 8 其效力之大猶可限量乎。然則吾人
當若何也．曰，信之而已。人之信使　神如是之重視者何也．曰，一因係　神所立之法，信則
尊崇其法而榮之．二因所信者爲其愛子之功．三因我之信係順聖靈之教導．四因主曰，“
信子即作　神之工，”神所安排之工 作工不能無値也。吾人既知以信可見義，以信又可免　神
怒，故當從來 10 23 之言，“持定所承之望而不移”焉。
十一節 上言見義乃既往事，得救乃將來事，本節則曰不第此也．言不第既往將來之獲益若
此，即今亦樂夫　神因“我主耶穌基督，”使我今“由而得復和”於　神也。本層 5
下一 11 爲　神所作，上層 1—5 上爲人所作，二者之結局皆樂 3 11 也。是　神與人同視
此因信稱義之法，誠爲可恃而樂用之矣．豈若獻祭者之心仍不安哉，恃功之徒，可以已矣。

顧或者曰，以信稱義而得救，誠是也，但人信不足時，將若之何。曰，神立此因信之眞法，已舍其愛子，賜以聖靈，立之教會，予以聖經，爲我儕謀畫周詳矣，豈不顧我之信而惟憑我乎。觀路22 32"我爲爾祈，使爾信無闕"之言，其無時不融融洩洩，樂充諸懷，信焉可也。

第三層　第三據　一人代贖使衆稱義，有一人犯罪致衆皆死爲據 5 12—21

經文　十二是以罪由一人入世，因罪而有死，於是死延於衆，以皆獲罪也。○十三蓋律未立，罪已在世，但無律則不得謂之罪。○十四然自亞當至摩西，乃死乘權，以及非若亞當之罪而獲罪者。夫亞當乃後至者之對像也。○十五但愆尤不如恩賜，若以一人之愆尤致衆死亡，則神之恩及因一人耶穌基督之恩賜，尤溢於衆矣。○十六且以一人干罪，亦不如恩賜。蓋鞫由一人以致定罪，恩賜則由多愆以致見義也。○十七若以一人之愆，致死乘權，則受洪恩及義之賜者，更由一人耶穌基督而乘權於生矣。○十八若然，如以一愆致衆定罪，亦以一義致衆見義而獲生。○十九蓋如以一人之逆而衆爲罪，亦以一人之順而衆爲義矣。○二十且律既至，俾愆益增，罪既增，而恩愈洪

矣。二一致如罪於死中乘權，恩亦若是由義而乘權至於永生，惟因我主耶穌基督焉。（因宜作由見淺文）

解釋 十二節 上言稱義由於耶穌一人，恐衆不服曰，彼一人之義，何以能歸於衆．保羅曰，稱義定罪，事雖殊而理則同，因由一人定罪，是以亦可由一人稱義。罪有本（已身所犯）原（由祖所遺）之別，而人皆有本罪以外之罪，（原罪）何也．死延於衆 即其據也，顧以理論之，死爲罪之工價。所以罰衆皆有死者，„以皆獲罪也“ 而本身未犯罪者，（如孩提）何以亦死，因如（淺文）罪由一人入世也。由 „入世“ 二字，知罪已早有，特未入世耳．此世字非指諸世，乃指人世，罪入世即罪入人之性質，使人人有其罪性。在此未言諸罪，祗曰一罪，（單數式）知亞當首次犯罪，非爲人之樣式，乃 神使其爲人之代表而受試。其犯罪始，害其是非之性， 神藉人道使其罪性傳於後世，與形俱來，故有多人（孩提）未至能從亞當之式而犯罪時，已受罪價（死也）也。„死“ 由十四節似論身體，然觀十七及二十一節，則靈性之死亦含於內，而身死爲靈死之標誌．二者常相聯絡，保羅時以一死而括二者，（提後1 10）惟在此節注重肉身之死耳。吾人之死，在15―19五提由一人（亞當）而延於衆． „延“ 字原文有分歸之意，乃歸於人類中之各人，如父產之分歸其諸子女者。有人問吾人能在亞當內犯罪乎．曰，觀來 7 9—10 利未未生之先，能在其曾祖亞伯拉罕內納什一於麥基洗德，則吾人何不能在亞當內犯罪之有。或曰，神使亞當之罪歸我而爲我罪，其公義乎．曰，若無數之人能藉耶穌一人之義爲有義，則無數之人亦能因亞當一人之罪爲有罪也。況人於 神所爲，雖不能一一貫徹，仍當知所爲皆是，至公之 神不能爲不公之事也。由斯三者而罪由一人入世之言信矣，一人旣能代衆受試而犯罪，而謂一人不能代衆守律而贖罪哉。

十三至十四節 此二節除末句外，爲使衆知人所以死，非本罪也，何以知之．**蓋律未立，罪已在世**。此“律”非指人心律，乃指 神特命．其“罪”亦非犯心律之罪，乃犯 神命之罪，故死亦非犯心律之罰，乃犯 神命之罰，因**無律則不得謂之罪**，卽不應有死矣。然**自亞當至摩西** 此大時期之人，皆爲死權所乘而不得脫，足證皆有罪矣，但無律則致死之罪非本罪也，然則誰之罪乎．曰，亞當也。亞當犯 神之命而死，摩西以後之人亦犯西乃山之命而死，然其間無此二命，則其罪“非若亞當之罪”，而無一人不死者，知因亞當“而獲罪”也。如是凡無律之人有死，亦皆由於亞當之罪，其理一也。夫有西乃律後，以色列人以爲當死之故，由犯摩西之律.不知摩西之後，以色列人有二當死之故，一由於原罪，一由於犯律，而摩西之先，以色列人有死，顯與他人一例，非由犯律而由亞當之罪矣。在此曰“不得謂之罪”者，不若淺文之“罪則不計”，言非人之無罪也，特　神不計之耳。其果不計乎.該隱之罪，神罰之飄流四方.洪水世代之人之罪，神滅以洪濤巨浸.羅得之妻之罪，神令為鹽柱.所多馬俄摩拉二城之罪，神降以烈火.其他以掃之罪，猶大二子之罪，神皆予以刑罰，其果不計也乎。然伊等之死也非因本罪，以　神若未施特刑，仍不免於死亡，可知所謂不計者，不計其與亞當類同之罪，非不計其違命以外（即違心律）之罪也。然不計而仍死者，則以衆皆由一人獲罪也.吾人之死為然，孩提之死尤然。**夫亞當乃後至者之對像也.** 此句乃保羅表其所以引用世人由亞當有罪之故，因亞當為耶穌之對像，可藉罪以明義也。如世人未犯亞當違命之罪而受罪刑，則信徒未有主守律之義亦有其義.凡在亞當內者既皆有罪，則凡在耶穌內者亦皆得救。

十五至十七節 上言亞當耶穌之相同，此三節則言其不相同.一十五節言能力之不同.人不過一被造之物，因其一過尚有偌大效果，何況　神藉耶穌所顯之恩之功效乎.因一為忿尤之效，一爲恩賜之效，洵"慾尤不如恩賜"矣。且一"以一人之慾尤，致衆死亡，"爲　神依義所不得不爲．一"則　神之恩及因一人耶穌之恩賜，大溢於衆"爲　神之愛所樂爲，能力白過乎其異也。二十六節言範圍之不同．蓋鞫由一人以致定罪，恩賜則由多慾以致見義也。"一人"原文無。人只言一，對下"多慾"而言，當爲"一罪"．鞫所括者只亞當一罪之寬，尚有致衆定死之效，況與多慾同寬之恩，（包括多罪）其致衆見義之效不愈大乎。如二水流焉，細流尚能挾人至於死地，巨川不尤能渡人至永生乎。三十七節非特加一不同之處，觀節首所遺之 γάρ 蓋字，知接上節"見義"二字，而言信徒何以必見義．蓋若以一人之慾致死乘權．況彼（淺文）受洪恩及義之賜者，更由一人耶穌基督而乘權於生乎．意謂受恩者之得永生，不待疑也。上半節言死乘權，不言死者乘權，下半節不言生乘權，乃言人於生乘權，何不適相對鋒也。曰，人已死矣，何能乘權，故不曰死者乘權，而曰死乘權．至人已生，則可藉基督而乘權，故不曰生乘權，而曰人乘權於生也。由"慾"與"洪恩，"知爲申明十六節．由"以一人"（不言其名知其人爲尋常也）與"由一人耶穌基督"（言其名令人思其位之高也）知爲申明十五節。至此而人與亞當聯關，有致死之效力，其確切至何分度，則人與基督聯關，有致生之效力，其確切亦至何分度，且其能力更遠超之焉，無絲毫之惑矣。

十八節　本節乃反至十二節而承其所未言畢之比較。保羅本欲言 ,,如罪" 12淺文 之理後，卽言 ,,如義" 之意。特恐人不服衆死之罪由亞當一人而來，故有 13—14 以未犯亞當之罪而亦有死，爲衆在亞當內有罪之據。又恐人言對像之理太寬，故有 15—17 亞當與耶穌不同之處。祗以本節去十二節稍遠，故上半重複其意曰，是以如 淺文與12起處適合 以一愆致衆定罪，下半則完結其意曰，亦以一義致衆見義而獲生。此二事之例適同也。上衆字指宇宙間人，下衆字指信主之徒，本無異議，乃普救派謂二衆字意無差別，皆括盡亞當之裔，而世人早晚必皆得救。不知保羅之意則非也。一保羅未作本書之前，已言不全得救。帖後1 9 作本書之後，亦有如是之言，腓3 19 豈能中變其意哉。二林前15 22—23 之二衆字，明言其次惟指屬基督者。三本章確言因信稱義之足恃，若言衆人不論屬主與否，遲早必均沾救恩，何以信徒必因信爲，詎非自相矛盾也乎。由是而知下衆字指上節所言受洪恩又蒙稱之義人也明甚。

十九節　觀蓋字而知本節乃申明上節之理。首句申明上節首句，何以 ,,以一愆致衆定罪"

蓋如以一人之逆而衆爲罪。言衆所以列於罪人中者，因其由一人而有罪。次句則申明上節次句何以“以一義致衆見義”，因以一人之順而衆爲義矣。言衆所以列於義人中者，因其由一人而有義也。在此二“爲”字，非如淺文之“成爲”，乃“列於”之意。言因亞當之逆而衆列於罪人之中，亦因耶穌之順而衆列於義人之中，係在耶穌有義，非已成爲義人也。本節之二衆字與上節之二衆字，漢譯不顯其殊。原文則有不同，上節之二衆字皆也，本節之二衆字多也，爲顯其爲數如何耳。

二十至二十一節　十九節已將對像之理，言之詳盡，本章之意完結矣，何以復贅末二節乎。蓋恐猶太人見保羅祇言亞當與耶穌，置摩西於不顧，祇言罪與義，置律於不顧，遂謂二者之間，神遺摩西立律，亦論死亡及生命。茲視同虛設，未一言及，殆不可之甚也。故保羅續言律法之用，以彌其縫而不使人得間。曰，律之用多矣，只言其一，律既至俾愆益增。何以益增。一因律提心律未有之條，違之罪則增多。如　神因人犯罪，命獻牛羊以贖之，人而不獻，則增違命之罪。二因律使罪更重。人犯目前明書於版之律，則有如許非故意之罪，變爲故意，故意則罪重。三　誡命之律在人邪性之內有激其犯罪之能。夏娃性本良善，尙因　神之禁而違之，況魔已入之心乎。律既致人不善若此，何以　神猶賜之，豈欲益人之罪乎。曰非也，一使人知罪爲罪，猶太人因受　神律，較他人更爲知罪，由舊約論罪之多之詳，較他國書籍論罪之少之略，可見已。二使人知罪惡多端，如負重任，藉知靠己之力無能脫免。三使人明得救之門。靠　神之恩在所顯表之耶穌內。四使人不敢靠己而靠　神恩，故"罪既增而恩愈洪"也。恩之洪至何度乎，曰，致如罪於死中乘權，恩亦若是由義而乘權，即至乘權爲王之度，俾人思　神所以任罪增多，爲使恩佔其位爲王，而罪永退於戰敗之地也。"乘權"者，管轄吾人一切之事，使人爲義，非有守　神律之義，乃因其爲蒙恩之人，爲耶穌之恩所化，有不容不爲義者。罪惡乘權，人莫能脫，世人知之，信徒尤知之，而主之恩亦若是也。其乘權爲王至何時乎，曰，至於永生，靡有窮期，言賴主稱義之法，不祗今以爲可恃而心安，即至永遠亦莫不然也，顧其根源，則惟由我主耶穌基督焉，不二法門也。（由本章然題之言知信而稱義之法誠可恃矣（見一節之解））本章末節與上章及下三章之末，皆有"我主耶穌基督"字樣，可知保羅（信徒皆然）之歸向及其信之堅矣。

第四支　成聖之道　六至八章

第一層　稱義之道使人向罪而死　六章全

要義，稱義者，不能任己仍生於罪。一因己爲向罪死而向　神生之人。1—14 二因仍於罪生，必復作罪奴而得其值。15—23

第一條　人因信稱義既向罪而死故不能仍活其中 6 1—14

經文　六章[一]然則我將何言，得毋恆於罪，俾恩益洪乎。[二]曰，非也。我儕於罪既死，詎尚於罪中生乎。[三]豈不知我儕受洗以入基督耶穌者，乃受洗以入其死也。[四]故我儕既由洗與之同葬而入於死，致如基督由父之榮自死見起，我儕爲人亦如是維新矣。[五]蓋我儕若於其死狀與之聯合，則將於其復起也亦然。[六]乃知舊日之我與之同釘，俾罪之體泯，不復爲罪所役。[七]因死者釋於罪也。[八]若我與基督同死，則信亦必與之同生矣。[九]且知基督自死見起，必不再死，死不再主之。[十]其死也，則一次爲罪而死，其生也則爲　神而生。[十一]如是爾曹於基督耶穌中，宜自視爲罪而死，爲　神而生也。[十二]故毋容罪乘權於爾將死之身，致徇其慾，亦毋獻肢體於罪，爲不義之器。惟如自死而生者，獻己於　神，俾肢體爲義之器，以奉　神。

十四 蓋罪必不主爾，以爾非在律下，乃在恩下也。

解釋　六章一至二節　保羅恐人謬解上章二十節“罪既增而恩愈洪”之言，故復設問曰，然則我將何言，得毋恆於罪俾恩益洪乎。（以便引發下文正論）由此更可知5 19之“爲義”係列於義中，仍前稱義之意，若果成爲（淺文）義，何能有恆於罪之設問乎。保羅欲顯眞信徒之若何而死，若何而生，爰藉罪字以申明成聖之理曰，**非也。我儕於罪既死，詎尚於罪中生乎。**（上於字不若淺文之向字）“向罪既死”，非我心中之罪已死不復發動之意，亦非罪在我身無權之意，乃以　神之公義而論，我向罪刑爲死。耶穌既以其死代受罪辜之刑，則我向罪辜爲死，永弗受其制我之權。如被募從軍者，他人甘心代之，此人向募兵之律則爲已死，雖於他事仍轄於律，而向此募兵律則如無其人也。“於罪中生”言吾人昔時在罪權下，樂生其中，興致勃勃，今則因信歸主，嗣後我之意念，決不樂乎罪而於之生。蓋主受死之目的，非止脫我罪辜而稱我爲義，亦爲除我罪汚而使我成聖。吾人歸主脫罪辜而悔罪汚，亦當以此爲目的，若仍以罪爲樂，其悔虛矣。然則我可以耶穌爲脫罪刑方便之門，仍恆居罪中以享其樂乎。“詎”字希奇之意，譬人債積如山，其良友代爲淸償，非使其易於續借，乃冀其永脫重軛，且感此好誼，不再赧臺高築，況對其友已許不復借欠之言，詎可復蹈故轍乎。主於其徒也，旣代之死，令其脫離罪刑，向　神自由而心安，罪惡再來試誘，洵當如死人之不聞不覺也。若重罹罪網，卽如彼後 2 22 “吐而轉食之犬，浴而復淖之豕”矣，其如後患尤劇於前何。

三節 由**豈**字而知保羅詫異上節“於罪中生”之輩，不知人當時**受洗以入基督耶穌者乃受洗以入其死**。並非入教之儀文也。“入”字與林前 1 13 10 2 之歸字同，所歸何事，一歸其靈體，主爲元首，我爲其肢，二歸其麾下，以主爲帥，屬其統轄，三歸其功，在其功內有分。（本節重第三意）我儕領水之洗，一表明洗去罪案，　神不復追前愆，二在我理想，視罪爲已洗除，其案已了，不再思及。由此可知主代我死之目的有二，一近的，由目前論，除我罪辜，我“歸其死”則免罪刑，二遠的，主欲藉其死使我成聖，與之同登寶座，二目的雖有遠近之差，實相合而不相離，若我受洗，只求罪刑之免，仍處罪中而不悛，是廢主遠大之目的，爲成一己之私心，倘謂知受洗之意哉。或謂洗禮有此大能乎，曰，洗禮者所以表人之信心也。在此何以不言信乎.曰,祗言以信歸主之死則範圍太廣也.蓋信之種類繁多,挪亞信洪水之來,約瑟信以色列人將出伊及,他人信耶穌爲實有,而此則指洗禮所表之信,乃賴基督代我受死,除我罪辜,滅我罪汚之信,使我得向罪作已死之人,不再向之而生也。

四節 **故我儕既由洗與之同葬而入於死.** 言主不只死,且葬於地下,以顯主與世隔絕,故我儕眞受洗者,亦與主同絕,如保羅所謂視萬事如糞土.腓3 7 8 世於我已釘十架,我於世亦然,加6 14 世棄我,我亦棄世也。在此未增上節之意,只爲鄭重言之,使人不惟如主之死,且如主之葬.對於罪辜,不復有絲毫交通.對於世緣,絕不動諸衷懷。其與上節之不同者,上節言歸其死,(主之死也)此節言歸於死.(己之死也)言我儕不惟於主之死有分,亦情願歸於死,意念之間,再不於罪而生。然此非一時可成之功也,眞基督徒之標幟,不在其已成之多,乃在其勉制己私,同葬入死,消極的行動也,　神欲人積極的上進,故其視我儕於罪爲死之目的,乃致我儕**如基督由父之榮自死見起。**"榮"與1 4 權字之意略同,乃　神權在基督復起所顯之大榮.主復起則體爲靈體,榮耀有加,迥非昔比。**我儕爲人亦如是維新矣.** 維新之式,如西3 1—3 弗4 32—5 2 所言,且當顯父有榮之權於爲光明有榮之信徒也。

五節　本節言維新之人，吾儕非不能作，何也，**蓋我輩若於其死狀與之聯合，則將於其復起也亦然。**上用洗禮爲喻，此用接木爲喻，“聯合”原文συνετάφητεγ接木之意，謂己身雖未有再造復新之能，與基督自身無復生之能相同，然　神既令我儕接其死而得其滅慾之力，亦必接其生使主復生之靈力通諸我身，而我如被接之枝生矣。○洗禮接木，皆喻言也，有宗派謂洗禮爲實事，必全身浸於水中，特不知對接木之喻將如何耳。（保羅本節所以易其喻者因洗禮不顧我儕如何而生之意也）

六節　冠首之**乃**字，不若官和之“因爲”尤合原文。顧何所因而△，一**知舊日之我與之同釘**。保羅於此又以十字架爲死之喻，以主死於其上，舊我亦與同死也。二知**俾罪之體泯**，“罪之體”意與舊人略同，卽役於罪之體也。察其語意，知非罪泯，乃體爲罪役之性，**不復爲罪所役**（“所”字不如“之”字淺文）如已亡之僕，不能復爲人役。至如何而知，一有謂憑經歷而知之者，二有謂憑信心而知之者，主釘十字架時，我雖未生，然依　神所見，彼時我罪已死。細較之，第二解爲優，如前清之亡，雖亡於民軍辛亥之舉義，然孝欽后因德宗於瀛臺，反其新政時，淸社已兆其屋，卽云民國共和成立，淸廷宣布退位，起於其時亦無不可。

七節　此解上節不爲罪役之由，謂何以不復役於罪，**因死者釋於罪也**。如我之僕，生時爲我所役，迨其死則不爲僕矣，可謂釋於我，我亦不得不釋之矣．如此我向罪死，無爲其役之力，罪尙能不釋我，而仍目爲其役乎。然則我可仍於罪中生乎．（見二節）譬之獄囚，有人代其受刑，卽當速出獄門而享自由，若伊仍不肯出，詎非樂而不捨也耶。

八節　本章2—7重向罪而死，8—11則重向　神而生。觀4—6每節之上半，比喻雖異，道旨則同，皆言我儕歸基督已爲無辜之人，於罪案爲死而無關，質言之卽俱爲稱義之人也。其每節之下半，言雖異而意亦同，謂　神之目的爲使我儕滅罪體而有新生之式，質言之卽使人成聖也。保羅何以言之再三乎．蓋有多數信徒．只知稱義脫去罪刑，不知成聖之尤要。詎意人若口頭稱義，心意言行仍不潔而汚，斯無稱義之據，徒爲自欺之人，不惟義不得稱，且暗與　神爲敵，可不懼哉。由原文而知本節之首冠以但字，因上節言死，本節重生，故轉至正面曰，但**若我與基督同死則信亦必與之同生矣**。七節言釋於罪與基督同向罪死，但　神之目的猶未全達，工夫猶未全成，成始成終之　神，不能半塗而廢，故我信必與

之同向　神而生也。在希利尼文有三字可譯爲,,與"惟意有遠近之別.在此所用其最近者,由五節之,,聯合"可顯其意。夫人向罪而死,則對於罪之試誘,當毫無知覺,而向　神而生,必對聖靈之感良心之激,一切善舉美意,不阻不撓,活潑有興,斯工也,雖爲　神所行作,吾人亦與有分,當戰兢成全己之得救.如人常赴主堂,聽道禮拜,心中必覺興趣環生,否則未有不寂寥無味者矣。

九節　上節以　神之目的不能中止爲憑,故吾信之.本節又以基督之復生爲憑,致吾不得不信,因**知基督自死見起,必不再死,死不再主之也**。基督之死,原爲使信徒釋於死而永生,此後再無死之由,故死不再主之.吾與此起而不死之主相接,尙有不得其力向　神而生者乎。

十節　由**蓋**(淺文)字而知本節爲言明上言基督不再死,死不再爲其主之故,何也.蓋**其死也,則一次爲罪而死**。,,一次"原文有完結之意.何以完結,可見來9 12 10 14,及主之言,約19 30 罪刑既受,此外再無可死之故矣。夫主在世爲人而生,緣人有罪,是以其死有故,今**其生也,則爲　神而生**(見下小註)何再死之有。然則吾人與主同生者,行爲雖不能臻於完善,

而心念可仍生於罪乎，竊謂再無贖罪之祭矣。前主爲人而生緣人有罪故主爲罪而死今主爲神而生然人神無罪是自今而後再無可死之故矣

十一節 本節爲 3 10 之訓誨，非勸勉之意，乃如三軍司令發布其命曰，如是原文照樣爾曹於基督耶穌中宜視向罪而死向 神而生也。若曰我儕當自視爲稱義，亦當自視爲聖徒，堅信而不復疑．因此二意爲 神所合，人不可析。吾與受死之主接而罪消，亦與復生之主接而維新，故宜自視爲眞而放厥心也。吾人之成聖也由 3 29 知聖父有此目的，5 21 知聖子有此目的，5 16 知聖靈亦此目的．若人稱義之後不求成聖，不惟與理不合，亦與三一眞宰之目的相抗，罪之大可設想乎。且人自謂主之死吾與有分，而無日日向罪而死，置之不理，向 神而生，倍受其感之據，雖巧言如簧，誰其信之。顧此工人能作至完全乎．曰，幸 神不視人之行爲，只視人心之努力，有失足處，其恩倍顯．如一童子，作工之多雖不能及一成人，然肯竭力爲之，人必顧而樂之．主嘗曰，吾小子乎，吾人聞此可以寬懷矣。特此動力由何而來哉．吾知守律之士決無斯能，與主相接，信之愛之者，始有此勉勵前進孳孳不已之力也。有此力卽與主相接之確證無之奈何

十二節　由本節至十四節爲4—11之結文。上節既言我儕在基督中自視論罪而死論　神而生，故**毋容罪乘權於爾將死之身**。4—11言　神之功，乃將人從罪贖出，而12—14則言人之本分，宜脫罪之轄制。“毋”有立志決意不爲之意，此基督徒之要素也。天主教有名士曰，“立志事　神道也”道悉括於內也。讚神聖詩曰，時常有人離開聖教，都因志未定妥。“罪乘權”卽罪爲主，使我如何便如何之意，吾何以得此不容其乘權之能，見14知在恩下，保守　神恩於我心內，罪卽無權制我。毋容罪乘權於何處，曰，“於爾將死之身。”昔罪乘權時，或稱“舊人”或謂“罪體”今曰“爾身”者，因爾今得靈力聖潔，復還自由，不當再允罪束縛我也。問以“將死”者，議論頗多，總之由身體之死，可見罪乘權之結果，人若仍順從之，靈與身必皆將死。由是而知行成聖之途者，罪性仍未滅絕，直至辭世而後已，故信徒當朝乾夕惕，勿令其死灰復燃焉。罪乘權由何事顯出，卽**致徇其慾**。由上“身”字而知此“慾”指肉體之慾，慾淫非如加5　19—21身靈之慾悉括於內，蓋肉慾爲慾之賤者，於其賤者且徇之，況其他乎。“徇”字含樂從之意，乃言罪乘權使人至何地步，凡我信徒，既有肉身，卽有肉慾，雖不能使之無，然當力制而遏抑之，勿徇之而以爲可樂也。或問人有此慾，尚可為　神僕乎，曰，大衛彼得保羅皆　神之忠僕也，未嘗無慾，特不從流而忘反耳。即以福音論，已往之罪，固能寬待，偶犯之愆，亦能容饒，惟樂乎罪或任意縱情於罪，則無寬恕之望，而我儕立志不蹈故轍為要務矣。

十三節　上節言毋容罪乘權之大旨，本節則言其方法，曰，亦毋獻肢體於罪為不義之器。„獻“ παριστάνετε 非獻祭之獻，乃是出交付之意。„肢體“ 不只手足五官，各種靈才亦在內，因肢體為靈所用也。„器“ 非官和器具之謂，按原文兵器也。言人既自視論罪而死，對外試誘，當如已死之屍，對內而言，毋容罪在心乘權。亦毋將肢體呈交，使其藉為犯罪之軍器。非禮則目不視，非禮則耳不聽，非禮則口不言，非禮則手足不動。**惟如自死而生者，獻己於　神，俾肢體為義之器以奉　神。**上獻字為今時式，表人無論何時何事，皆不當獻肢體於罪。此獻字為已往式，表一次迄事之意，言人當立志與罪斷絕關係，以肢體獻於　神，為行義之器，任其使用，再不索回，以從魔計而縱己私也。

十四節　12—14 乃人與罪宣戰，顧此聖戰何以必勝，**蓋　神所許者，罪必不主爾。**何以不主爾，**以爾非在律下，乃在恩下也。**„律“ 何以無使人離罪之權，一依律吾無贖罪之望，二律亦不能赦罪，只可罰罪。"恩"何以能使罪必不主我．一恩乃赦罪，再無罪刑轄我．二恩既赦罪，使人生望，故奮力疆場，勇往直前．三恩又賜我弗6 14—17 諸般軍械．四使我因蒙主恩而生愛主之心，既愛聖潔之主，自取消愛罪惡之念．五由本章五節接木之喻，知恩使人常得靈育，如樹枝得其本之汁漿者然．六在恩之下，吾人向 神而生，即對 神有活潑之致，易受靈感也。

第二條　恩與罪不能同時作主 6 15—23

經文　十五然則若何，我儕既在恩下，不在律下，可干罪乎．曰，不可。十六豈不知爾獻己為僕以順之，即為所順者之僕，或於罪以致死，或於順以致義乎．十七感謝 神，緣爾素為罪之僕，今自乃心服爾所受之教範。十八得釋於罪而為義之僕矣．十九因爾形軀之弱，我則以常人所言言之，爾曹嘗獻肢體為不潔不法之僕，以至無度．今宜獻肢體為義之僕，以至成聖．二十爾昔為罪之僕，不服於義．二一昔之所行，今日恥之，其效維何，終則死亡．二二今爾得釋於罪，為 神之僕，其效成聖，終則永生．二三蓋罪之值乃死．神之恩賜乃永生，在我主基督耶穌中焉。

解釋 十五節 二至十四節乃答一節之問，大意謂吾人不能仍生於罪，因基督之死，若在吾人有意，不外向罪而死之意。吾人自不能同時向之死又向之生。主死十架，爲使吾人脫離罪辜，復活而遣其靈使脫罪污。吾人以洗禮表明與主聯合，爲使二益悉獲。今若仍生於罪，非當時不知所爲爲何，卽屬假冒爲善，非眞基督徒而離其罪惡也。一節之問由5 20 „恩愈洪“ 之言而發，保羅已答覆而釋其疑矣。惟上節言吾人非在律下，人將誤會其意而復詰之曰，律非人之大防乎。今旣撤其藩籬，„然則若何。我儕旣在恩下，不在律下，可干罪乎。

“保羅曰，„斷乎不可。“ 淺文 卽其抵褻瀆之常言也。

十六節 上節言干罪之不可，本節言何以不可。保羅乃以僕爲喩，而揭天下人共知之理曰，**豈不知爾獻己爲僕以順之卽爲所順者之僕。** „僕“ 非奴僕，因二十三節言有其值，官和爲工價 奴僕則無值也。雖非奴僕，卽平常雇役，爲誰作工，亦當順誰之命。„獻“ 與13同一之字，言世有二大招工局，一爲天父所立，一爲魔鬼所設。豈不知人或將己交魔鬼之局，**於罪以致死。**„或交天父之局，**於順以致義乎。** „致“ 漸成之意，非立時所能。人爲罪僕何以漸致死乎。一人習於干罪，卽爲所困，如常懷惡念者，思路通而無質阻，雖欲不念舊惡而不得也，言行亦然。二滅絕一己得救之望，不復想入窄門。三消滅聖靈之感動與助力。四心漸剛硬不覺罪之爲罪。五 神之怒必臨及一切悖逆之子。約8 34 彼後2 19 彼順神者所以逐漸致義之理，亦可由此推及。二„或“字表明世人所行只此二途，或 神或魔，非此卽彼，人不能塗此字而二路皆由之也。太6 24

十七至十八節 此二節意義連貫，宜合爲一節，乃保羅因羅馬信衆擇此正路及作義僕之由而**感謝** 神之插語。何爲而謝 神乎，緣**爾素爲罪之僕**。弗2 1—3 神施其恩預爲揀選，弗1 4 **今得由罪孽之暗世遷至愛子之國中。自乃心服爾所受之教範**，„自乃心“ 表不重形式，不由外規，惟由心歸主，任主以吾爲材料，置於„所受之教範“內，而有主之樣式。與弗2 4—6 同理。十八節由正負雙方而論，言自內心順服福音，則**得釋於罪而爲義之僕矣**。 由此二節可知吾人歸主之程序，有一定而不移者，一素爲罪僕，二授我教範，三釋於罪，四爲義僕。是„義“也，非基督歸我之義，乃人當行之道，卽由基督所學之義也。凡從眞道者，宜爲此義作工，顯之於信於行，使見之者歸榮於 神也。閱此二節之序，知人得救，乃爲事 神，弗2 10 非事 神爲求得救也。故人不可待其言行稍佳而後信主，當先歸主由其得爲善之力·如汚穢之身當入清泉以濯之，非先去其汚而後臨流·有以身染罪惡不配作主徒者，誤矣。啓22 3末句

十九節 上二節感謝之言爲插句，本節則承十六節爲僕之言·似與約15 15之言不合，“非僕也乃友也。”保羅曰，吾言爾爲僕者，因爾形軀之弱不能通靈界之情況，故我舉爾已知之事實，則以常人所言言之。新約提信徒之名有四，曰友，曰僕，曰祭司，曰君王，友者言與主之交情也·祭司者言信徒在　神人之間領人歸主之分也·君王者言其將來之程度地位與主同登寶座也。在此用僕者，約13 13顯明吾人以義爲念爲主作工，如僕之惟其主之命是聽也。既爲僕矣，爾曹曾獻肢體爲不潔不法之僕以至無度今宜獻肢體爲義之僕以至成聖。“以至無度”之語，后爾德云，係人見下有“以至成聖”而增者，然優等原稿則爲“爾曹曾獻肢體爲不潔及不法至於不法。”“依韋鼎譯本，謂人於不法之時有進步，此譯可從。“曾”官和作“從前怎樣，”“今宜”作“現今也要照樣，”意尤顯豁，謂前日順罪之時如何專心熱心，置己於前而爲私，今亦當依樣置　神事於前而爲之僕也。

二十節　本節冠以蓋，淺文字申明上節罪全變義之理，蓋爾昔爲罪之僕不服於義．意謂昔無絲毫約束於義，全屬於罪，今既爲義之僕，亦當悉去罪之約束，而全屬於義也。至全屬罪全屬義二者之終局，可見下文。

二十一節　當日爾果何得於今所恥者乎，淺文言昔爲罪僕，若有所得，爾必得之，因無些須之義以爲之阻．然果何所得乎，蓋其終也死。淺文罪無結果弗 5 11 而有結局，官和死也．人所以恥之，緣知己之愚也。

二十二節　本節又言得救之序，一今爾得釋於罪，非此則不克稱義．既稱義則二爲　神之僕．既爲　神僕，斯三其效成聖．此爲信徒所不容少之善果．來 12 14 有此善果，四終則永生。層次井然，不得躐進，乃宗主者所必經過者也。

二十三節　本節乃完結本章死於罪生於義之理，並申明 21—22 義罪二途所以有此終結之差殊，謂罪之終爲死者，21 何也，蓋　罪之値乃死　也。„値‟　原文兵餉之意，由十三節知人爲魔王之兵，一生與善爲敵，至終必從魔王得其應得之餉，卽與魔同處一地也。其義之終爲永生者，22 何也，蓋　神之恩賜乃永生　也。在此不言値者，因服事　神無應得之值，一凡所作皆屬本分之所當爲，不得議及工價．二不能目之爲值，因所得者視値爲大。

,,永生“非只長生不老永無死期之意，乃永遠享福無窮無盡之意。此福如何可得，曰，

在我主耶穌基督中焉．謂永生在主內，由之而賜於我之在其內者。上章言稱義之道，

本章言成聖之理，皆殿以基督，可知使人心安，五章俾人脫罪，六章有由來矣。

第二層　以信稱義使人脫離律法　七章全

要義　六章十四節言，,爾非在律下“，五章二十節言，,律既至，俾愆益增，,三章二十節言，,無人於　神前因律見義．“是三言也，與當時猶太人心理，針鋒相對，絕不能容，因閱徒　15 1 21　知其人以摩西之例爲必當守，且每安息日必讀摩西之書於會堂，可見其以律法爲聖經之第一要段．況當保羅之時，新約尚未成册，祇有舊約爲其聖經乎。茲聞此反對舊約之言，有若毀壞根基，焉得不駭疑環生．故保羅不得不重提律字，據其經驗反覆申明，謂成聖者不必恃律，而律反爲成聖之阻焉。

第一條　以婚制爲喻證明信徒已釋於律　7 1-6

經文　七章一兄弟乎，我與諳律者言，豈不知律之束人，乃畢生乎。二蓋婦之從夫，

夫在則爲律所縛。夫死則脫夫之律[三]是以夫在而他適者，謂之淫婦。夫死則見釋於律，雖他適不爲淫。[四]我兄弟乎，如是爾因基督之身，脫律若死。致可他適，卽自死見起者，俾我儕結果於　神。[五]蓋我儕徇形軀時，其由律之惡慾動於肢體，厥果維死。[六]今於素所縛我之律，既脫之若死，致我之奉事，不以文之舊而以靈之新矣。

解釋 七章一至三節 上章十四節言„爾非在律下，“何也。由上章上半知吾人有已死之二方面。一向罪而死，不惟依罪辜論主已代我免其刑罰，不爲所制，卽論罪污，吾人亦當向之爲死，不再受其感激。二論吾人與主之舊關係亦爲死人。按舊約吾人與主之關係，卽新婦與新郎之關係。耶 3 14 結 23 全，皆明言主娶教會爲其新婦，而其婚書卽律法也。故依舊約之旨，吾人必當守律，以表吾人之屬主。後在新約亦曾言及此意。太 9 15 是以保羅取以爲喻，曰，**兄弟乎我與諳律者言**，意謂我所以取夫婦之喻，以爾諳律不與人同。爾**豈不知律之束人乃畢生乎**。此爲諳律者所共知 **蓋**照摩西之律，太 19 6 **婦之從夫**乃一生之事，夫在則爲律所縛，律卽婚書 不得另適他人。**夫死則脫夫之律**，而無碍於再醮。**是**

以夫在而他適者謂之淫婦.若 神之民離 神而事偶像,或不遵律事之,亦爲淫婦.但 **夫死則見釋於律**。婚書原屬雙方所訂,今夫旣死,則婦向其律亦爲死,而不爲所轄,**雖他適不爲淫**。如此主在十字架捨命之際,與我相關之舊律,業已隨之取消,而信衆向之已死,如婦脫夫之律.故新約時代之人,已釋於屬 神之舊律,可再歸之如適新夫。旣不依舊律歸之,雖此後不照舊約之式事之,亦不能目爲淫婦而罪之也。此爲彼時信徒所最難明之理,是以主升天後,伊等仍赴聖殿,守律如前,惟士提反保羅輩,知舊事已過,今皆更新焉。

四節 上三節所言,乃引喻本條之理,本節始露其正意.**我兄弟乎如是爾因基督之身脫律若死致可他適即自死見起者**.言前後二夫雖爲一主,然主死於十架,前後情况有別,關係亦自不同。主未死時,己身在於律下,加4 4 其徒亦在律下.太23 1—3 及主已死,凡舊日關肉體之禮節,皆爲之免去,主在此時雖與舊約時代爲一位,然前爲律主,今爲恩主,前後爲主之法旣異,吾人歸之之法亦殊,如林後5 16曰,,,我雖曾以貌識基督,今不復如此識之"。觀,,致"字而知此乃基督爲我儕受死之一大原因,而吾人所以他適於„自死見起者“，乃俾我儕結果於　神。其„果“維何，由加 5 22—23 可得其詳。„於　神“非如官和之„給　神“，乃爲　神之意，意謂此果本於與基督聯絡之心，被靈所感而結，不爲己之名，全爲　神之榮也。既曰他適後始結此果，前日之不結，可想見已。曰„不結果與　神“，非曰舊約無結果者，其有所結者，因重律之內意，不重其外式，待人只視其外殼，不理其內意，即無所結之果。

五節 上節言他適後結果於　神，而人所以不能結於前日者，**蓋我儕徇形軀時，其由律之惡慾動於肢體，厥果維死。**„徇形軀“不若淺文之„在於肉體“，言人隨其腐敗之邪性，以私心爲主，凡事求己之樂，此歸主以前之情形也。歸主以後，則如六節有聖靈之新式。顧人何以知其在肉體內，或在聖靈內，主曰，觀果知樹，太 12 33 閱加 5 19—23，何爲肉體之果，何爲聖靈之果，朗若列眉，若結靈果則爲　神，若結慾果則爲死。„由律之惡慾“，在淺文爲„由法而起罪之諸情“。言律激起諸情而使人犯罪，其詳可見下條，7—13 本節只言人共知之理耳。保羅何以時用肉體爲罪惡之代表乎。曰，肉體之情原無善惡，然時順靈性爲轉移，人之靈性既偏於惡，肉體之情隨之，遂藉以爲不法之行，故人不求邪性之去，惟用苦身之法，於靈毫無所益。末句保羅以“死”與上節之“神”作對比，是視死為成位，如啓6 7同意，因神為生之源也。

六節 上節“蓋”字並冠本節上節係從反面著筆，言吾儕前日所以不能結果於神之原因。本節則歸正面，言今所以能結果者，蓋今於素所縛我之律既脫之若死，致我之奉事不以文之舊而以靈之新矣。“文”指律法，保羅常用以與靈相對，原文為所寫者，字面之意。“靈”聖靈也，非如官和之心靈。（由8 2知官和亦認指聖靈言）保羅在此，乃將事神之舊法，（恃律之法）與新法（聖靈所生之新式）相較，舊法在心之結局，可見7 7—24，新法所生之狀況，可見8全。“靈之新”即聖靈之新式，新式維何，子之心也。前在律下為僕，舊心也，今在恩下為子，新心也。子事父母順從無違，出於至愛，為親而不為己，非如僕之計算工價，誠堪嘉也。吾人前不為神結果，結亦不由於靈，神之不悅，宜也。今以子心事神，焉得而不見悅乎。由此可知恃恩與恃功之別。恃功者曰，吾必行律，因而得生。恃恩者曰，吾必與主相接而得其恩力，始結果而行義也。

第二條 律雖非罪而令罪益增 7 7—13

經文

[七]然則將何言耶．律豈罪乎，非也，非由律則我未嘗知罪．如律不言毋欲，則我不知欲。[八]然罪乘機由誡而動諸欲於我中．蓋無律罪乃死。[九]昔我無律而生，誡至罪復生而我死。[十]是致生之誡，適以死我．[十一]蓋罪乘機因誡，誘我，且因之殺我。[十二]如是，律聖，誡亦聖且義且善也。[十三]然則善其死我乎，非也，但罪因善而死我，以顯其爲罪，俾罪因誡而致其極耳。

解釋

節七　五章二十節言，,,律既至俾愆益增，“ 本章五節言，,,由律之惡慾動於肢體，厥果維死，,,聞者詎得不疑律與罪同，而詰之曰，**然則將何言耶律豈罪乎**．保羅曰**非也，非由律則我未嘗知罪**。卽大理而論，使人知罪者，己必不能爲罪．弗 5 13 且律亦非使人犯罪，彼使人犯罪者，乃己不服而邪僻之心．神出命令，此心於以激動，爲人犯罪之機關。何以言使我知罪，蓋△（原文有此字）**如律不言毋欲則我不知欲**可爲其憑證矣。在此所指爲第十條誡，保羅幼而學之，童而習之，背誦者無慮千百遍矣，何以猶曰不知．故當先明其所不知者爲何，曰，,,欲“也。此欲非指貪人妻奴房屋，以此粗淺之事，人皆知之，保羅亦未犯之，腓 3 6 徒 23 1 而其所不知者，求己（欲之原意）也，凡事以己爲先之爲罪也．是故前日所知，其皮毛字句耳，其範圍精髓，尚未悉也。
八節 迨我知之，當益我矣，**然罪乘機由誡而動諸欲於我中** 則何益哉。，，罪“由6 6
知爲舊人，爲罪體，常與誡命反對。按 神之誡，凡事當求主旨之成，不求己事之遂，然一啓
目，惟將升官發財美名高位諸欲置於己前，始知十誡之禁，不能令罪性歸死，反乘機而動也。
，，機“有二解，一因有律在，魔鬼常藉人心之欲與之反對，律則變爲機會，爲魔所乘。二非
律爲機，乃藉事而動，如財色雖足迷人，不見尚可遏抑，及見則舊性動而反對誡命，依思見
後解爲眞意也。保羅何以勝此，由腓 3 8 視萬事如糞土，視耶穌爲更美之言，可知其指。
然則吾人對於諸事不宜有欲乎，曰，當有與人同得之欲，若不能同得，則求得而於他人更
有益者，使之得之，以多裨益於世。然毋惟求己得，而犯所禁之欲也。**蓋無律罪乃死**註解
家多謂此比較之詞也，無律不思律與己之關係則無明抗 神律與 神爲敵之心，其罪較小，且有
而未多顯，如巨川之水，蕩蕩下流，鏡面無波，有若死水，一遇磯阻，則波濤突起，人罪之遇律
也亦然。余則以爲指人本性不識誡命輕重之意，蓋罪也者不守 神命或違 神命之謂
也，人於所爲雖覺不宜，然不過以其不合人心之律，未覺其對 神若何，故不以爲罪，7

而罪性如死然。

九節 無律見上罪死，而我如何，昔我無律而生。"生" 心內快活有興致之謂也，昔我未思及律，不自覺有罪，惟求一己之樂，無拘無束，遇罪輒犯。誡至 保羅幼誦聖經，無異於猶太他童，故不能指其幼而知誡之時，乃恍然覺悟，洞若觀火，如大衛始知 神律若何廣闊之時，則 罪復生而我死。 既知聖律之禁，復覺己形之穢，律之責罪之萌，方寸之間，鬩鬪不已，
24 苦惱沓來，興味蕭然，如學童初入學校，玩歲愒日，不務課程，閒談歌舞，樂不可支，忽爾季考期屆，不禁手足無措，嗒然若喪矣。保羅何時受此變更，今人無從確知，有以爲其在大馬色三日不食之時，覺己纍纍無辜，殘害信衆，爲 神所惡，遂大憂苦，不知保羅於途瞻主榮光之際，已完全投降，後復五內交戰，未免不合。意者其前日逼迫主徒，較他人更甚之故，殆因良心發現，對於律例之主，欲盡其熱誠，藉以立功而慰心乎，然終覺己爲罪人，無能制之也。

十節 誡入人心，爲致生也，是致生之誡 原意誠善，然在我身之作用，適以致死， 因使明覺多罪，卻不指制服之門，徒俾我罪益增，而生趣頓減耳。○此條生死二字，與六章異，生乃快

愉之福，死乃有罪無望之苦也。

十一節 承上而言誡何以致死，蓋罪乘機因誡誘我，如始祖夏娃近別善惡樹之時，撒但乃乘機誘之，一生怨神疑神之心，創3：1下二以爲食之可增智慧，創3：6三悅其眼目，遂搆成事實而食之矣。且因之殺我，如夏娃食果始知苦曷勝浩歎，無如世之夏娃多矣。人犯罪時，非求沉淪，乃求樂境，孰知其殺我耶，縱橫七萬里，上下六千年，落此套者觸目皆是，如釣魚者誘以香餌，此魚已誤，他魚隨之，惜夫。

十二節 本節爲7—11之結文。如是官和作"這樣看來"。閱其原文有語未完之式，只言律誡未言及我，欲竣其意，宜於節末加"惟仍我害"，或同意之語，始足結上文之意義，而備下節之詰詞。統觀全體，律聖固已，卽害我之誡亦有三善焉，一曰聖，反對罪之汚穢，使罪顯出，二曰義，不寬宥罪惡，依各人之行而定刑賞，三曰善，原爲使人獲益而得福。

十三節 十節言誡致我死，十二節言誡爲善，人之聞之，必詰之曰，然則善其死我乎。如清水焉，如佳餅焉，渴而飲，飢而食者，能毒之乎。保羅曰，非也，但罪因善而死我，以顯其爲罪，俾罪因誡而致其極耳。由是可知，一罪行可憎，何如其極，如猶大假接吻而賣其

夫子．或如人私吞賑災之捐款，其罪曷可勝言。二罪性之力何如其大，如藥物本可療疾也，
人服對症之藥而病反劇，非藥之不良，足證其沉疴纏綿，達於極度，病入膏肓，無生之慶。
神以良善之誡，醫我罪性，我反因誡而愈惡，致生之道變爲死我之器，其罪性之腐敗，尚堪
形擬乎。是以　神賜人律，徒由害人一方觀之，(一)使人因知罪而失望，7 9 (二)激人罪
性而干紀，8 (三)爲舊性所藉以動人抗　神之心，節11解8 (四)因加違命之罪使罪益重。
然細思之，仍爲　神恩，(一)使人知何爲罪，且知無力自救．(二)引人至有救人眞法之處，
卽歸向基督因信見義也。加 3 24 〇本章常用我字，蓋保羅指陳一己之經歷，非就其所
學立論也．凡知　神律之闊且深，並罪惡之苦者，必與之表同情也。

第三條　律無所救之人因無人可藉律脫罪 7 14—25

經文　[十四]夫我儕知律屬靈，我屬形軀，自鬻於罪。[十五]蓋我所爲者，不自知也．以我
所願者不行之，所惡者斯行之。[十六]若我行所不願者，則許律爲善矣。[十七]今行之者，非
我也，乃居我中之罪也。[十八]蓋我知我形軀中無善，雖志於善，而未能行也。[十九]因我不
行所願之善，而行所不願之惡。[二十]若我行所不願者，其行之者，非我也，乃居我中

之罪也。[二一]是以我覺有一律，即我願行善，而惡偕我。[二二]蓋依內心，則悅　神之律．[二三]然覺肢體中別有一律，與我心志之律戰，擄我服於肢體中之罪律。[二四]苦哉，我之爲人也．誰拯我出此致死之身乎。[二五]感謝　神由我主耶穌基督爲然。是故我以心志服於　神律，以形軀服於罪律。

解釋 十四節 本條雖證 3 20 之言爲合理，然觀冠首之 蓋 （原文非夫字也） 字，乃緊承上文十一節保羅自撤但一方言律殺我，此又自人一方言良善之律所以致我死者，蓋 我儕知律屬靈我屬形軀。 爲屬靈者所設之律，施之於屬肉體者，性質不同，冰炭難投，與以科學眼光不能觀察靈界之理無殊．非主助我則必死於其中，若彼得之不獲主援則沉海底者。 太 14 28—31 惟人非全屬肉體，尙有幾分屬靈之思想，其仍不得從律而成事者，因 自鬻於罪 在其手下爲之奴也。既爲罪奴，受其管束不得自由，欲爲善而無力，欲離惡而無能，乃 15—25 發之哀歌焉。此哀歌可分三闋， 15—17 一也， 18—20 二也， 21—25 三也．一二之煞尾，語句相同，而其無望之意味，則一闋甚於一闋也。

十五節 本節至十七節爲哀歌之首闋，描寫束於罪者，一種跼蹐不自由之狀。上節言鬻於罪而爲其奴，何以見之，**蓋我所爲者不自知也。**“不知”非如官和之“不明白”，乃不悅（俗曰看不中）之意，如詩 1 6 “主知義人之路”，乃顧而悅其行爲之意。其實主亦知惡人之路，惟視而生厭不悅於中耳。何以知我不悅己之所爲，**以我所願者不行之，所惡者斯行之．**行其所惡，奴之情也．罪既壓我至此，直令我無自由活動之餘地，則我之爲奴也明矣。何人而有此知覺哉．凡投靠救主而得靈助者，則得自由而欣然樂，惟凡被靈感明知其罪而尚未尋得正路者，每日自察衷懷，私慾汚念，冷心懶意，不盡厥職，動輒得咎，每歎難超苦海，恨不卽時作一敬虔愛　神之徒，而無如其不能也。是以每當夜闌，發其哀切悔罪之祈禱，較之爲奴而不自知者，苦倍千萬．由古迄今，此等人不爲少也。

十六節　按原文節首當有 δε **但** 字，由反面而承上節，謂但。**若我行所不願者**，被感之後，極願守律所命，而於律之所禁，我所不願行者行之，**則許律爲善**，是我明認禁止此行之律爲善矣。（見二十節）

十七節　行我所不欲，而欲者不得行，可知我已爲奴，有主之者，其責非惟不在律，亦並不在己，故曰，**今行之者非我也，乃居我中之罪也。**吾所以歸罪於人者，以其自由犯罪也．使不自由，則歸罪於主之者。保羅在此歸咎於居中之罪，似對己予以原諒，實則卽其哀慘之意味之，未嘗完全原諒，果爾則無苦矣。吾人犯罪所以不能推爲無過者，一所受者乃理逼，非勢迫也。二此苦狀乃其代表亞當之所置。三惡性雖有自知，卻不當有。四腐敗性之力若是其大，乃由習慣而養成，故能強迫甘心求救者爲之奴，使之備受痛楚，而不得出其樊籠也。

十八節 由此至二十節爲哀歌之次闋。上節之末保羅由經歷中得確據，知行所不欲，係罪所作，卽我腐敗之性所作。何以知之，**蓋我知居我中卽我肉體中無有良善**。淺文 上節言身如房屋，罪居其中，本節則言全舍爲其盤踞，無一餘隙。居字有長住爲主之意 何由而知在我本性內無良善乎。因 淺文 **雖志於善而未能行也**。謂志意雖好，但藉爲人之性情而行之，則未見有成工者，可知肉體內無良善矣。

十九節 保羅何以知其無行善之力。**因我不行所願之善而行所不願之惡**。本節與十五節皆顯爲奴之理，顧其意深淺有別。十五節言爲奴之公理，本節則言其爲何奴。由"行惡"觀之，直爲魔鬼之奴矣。此爲經驗之言，如曩時之我，伏處暗室，雖知中有積塵，然未悉其若何之多，迨日光一道射入，見其充塞不堪，亟欲掃除而空之，詎意愈掃愈揚，清潔無望。

特處此境者，爲何如時之人，有以爲保羅歸主後多年，尙有此苦情者．非也，乃前日明知其罪而不能去時之言，如主曰，"靈來，人將爲罪爲義爲鞫而自訟。" 約16 8 若夫已蒙重生之人，則只有 "不行所願之善，" 斷無 "行所不願之惡，" 且由十四節亦知此言屬肉體之時，非屬靈之時也。

二十節　此節結語與十七節同，因積塵力拂無效，乃又予以原諒．本節之言[illegible]較十七節無所進步，可知依己力以求勝罪者，愈修而罪愈多，毫無得救之望，亦無進步之可言也。

二十一節　此哀歌第三闋之始作也，爲右二闋之總結。保羅由其經驗而尋得上文之理爲眞確，故曰，**是以我覺有一律**。"覺" 非知覺或覺悟之意，乃尋出 εὑρίσκω 或推得之意．"律" 非律例之律，乃理（如理論之理）也，在我身時常如此，不能越其範圍之意，所尋出之理，即**我願行善而惡偕我**。 謂善念甫生，惡卽與之偕而作反對，此人心普通之常理，如算學之公式也，以律名之，不亦宜乎。

二十二至二十三節　二節宜合爲一節，受一 **蓋** 字所轄，乃申明上節稱所尋爲律（理也）者，蓋 **依內心而言，我 則悅 神之律**。 "內心" 者良心也．我於摩西之律，常遭失敗，而仍守之，足證依我良心，悅此立功之法，知善之當行也。**然覺肢體中別有一律，**"覺" Blepo 見也.
"別" 不同類也．言我常見肢體中有一不同類之理，**與我心志之律戰擄我服於**
肢體中之罪律。"肢體" 非耳目手足之謂，乃靈才之肢體，意情志等是也。稱之爲律者，
因其時常操權制我，非受心志之轄，乃轄心志者也。良心之律與此罪律二力相較，良心弱
而罪強（擄字見）者，何也．曰，良心一因犯罪而懦，二不得　神助，得亦微甚，故其力小而弱。罪律
一習成自然，二常得魔助，故其力大而強。由十五節而下，保羅之困難，非惡道也，惡性也．惡
性迫人行此惡道，欲不行而不得也。律雖益人多多，然不能助人成聖，因其不能重生人心，
使之改其惡性，如患癩疾者，無論輕重，人皆無術以治之也。

二十四節　我之罪既如癩疾，無痊可之望，不禁亦如患癩者哀聲呼曰，**苦哉我之爲人也。**癩
者見逐，與人隔離，入城不得．我罪累我，絕於　神而無天堂之望，自救而無能，依律而無效，
果誰拯我出此致死之身乎，可慨也夫。

二十五節　**感謝　神由我主耶穌基督爲然**（爲然或後文之而然皆不當有）此句爲插句，與上下文不聯，亦
與正文無關，似保羅於此書一括弧而置斯言於內，作一歡欣讚歎之語氣，以表示其五內

之快愉，蓋述其前日之苦困憊萬狀，幾於絕望，思及今日之自由，有不能已於感謝者。顧當日之苦實由自取，**是故我以心志服於　神律，以形軀服於罪律**，此十四至二十三節之總結也。人爲靈感，尚未尋得救主，內心雖已服　神，肉體仍服於罪，而得勝者猶是肢體中之罪律也。23 惟信依救主，罪獲寬宥者，始蒙　神賜以靈力得奏凱歌焉。箴4 18

第三層　以信稱義之法可使人成聖因其中有聖靈恩賜　八章全

要義本章與七章七至二十五節之差別，悉本於七章六節末二句。七章七節之下論"以文之舊"之人，八章則論"以靈之新"之人。本章與五章大致雖同，然亦有別。五章言依主稱義可令人心安，八章言依靈成聖可令人心安。五章注重，神於基督向人所賜之慈善爲安心之本，八章注重人因基督所得於　神之聖靈爲安心之原。五章視人爲得稱爲義之程度，八章視人爲戰場兵士之景象。靈欲戰爭故五章多言基督之功，八章多言聖靈之功。大旨可分四條，一因聖靈得脫情欲。1—11　二因聖靈得爲　神之子女。12—17上　三在患難中立穩之故。17下—30　四凱歌。31—39

第一條　因聖靈得脫情欲 8 1—11

本條大意有三，不被定罪之故 1—4 一也。從肉體者如何 5—8 二也。從聖靈者如何 9—11 三也。

經文　八章[一]是以凡在基督耶穌中者，無所定罪。[二]因致生聖靈之律，由基督耶穌，釋我於罪及死之律。[三]蓋律因形軀而弱，致有所不能爲，神爲罪故，遣其子，身具罪狀，於形軀而定罪。[四]使律之義，成於我儕，卽不依形軀而行，依靈而行者也。[五]蓋依形軀者，志乎形軀之事，依靈者，志乎靈之事。[六]夫形軀之志乃死，靈之志生且安也。[七]蓋形軀之志，敵乎　神，以其不服　神律，且不能服也。[八]從形軀者，不能取悅乎　神。[九]設　神之靈居爾衷，則爾不從形軀而從靈矣。不有基督之靈者，非其徒也。[十]若基督在爾衷，身則因罪而死，靈則因義而生。[十一]若自死而起耶穌者之靈居爾衷，則自死而起基督耶穌者，亦必以其居爾衷之靈，甦爾將死之身。

第一則　不被定罪之故 8 1—4

解釋　八章一節　**由是以**（非官和之,,如今"蓋非論時而言乃理論,推進一層之聯詞）而知本節之言爲 3 21—7 6 之總結. 5 1 有一總結, 6 23 亦有一總結, 7 6 又有一總結,而本節則爲三總結之總結。是以**凡在基督耶穌中者無所定罪**。人本有罪,然　神視之則若無罪,何也。閱 3 25 知因耶穌爲挽回之祭,卽本書之大題,根於 1 17,乃所以稱爲福音, 1 1 亦人不被定罪之第一故也。閱 6 23 知人因信而得之恩爲永生,此因信不定罪之第二故也。其第三故卽保羅在此所特重而提及者,見下節。

二節　上節言人不被定罪,本節則言其故,因**致生聖靈之律由基督耶穌釋我於罪及死之律**。（律淺文譯爲法）　上節言無所定罪者在基督中,既在其中則得一新律,非 7 23 使人不得自由腐敗性質之舊轄制,亦非人心固有之是非之律（良心）及 3 27 所言信之律,乃聖靈賜人轄管內心之新律也.如 6 4 生之維新, 7 6 靈之新式,約一 5 12 所稱之有生,在此則名之曰,,致生聖靈之律。,,其所以名爲聖靈之律者,因聖靈藉用於我心內作我爲人之律。何以言,,由基督耶穌"因人信基督耶穌,始蒙　神賜而得之也。人信耶穌得二大恩,一諸罪見宥,二反抗罪之能力。雖非立時滅罪,卻使人逐漸屬靈,既屬靈矣,如飛鷹焉，雖受地之吸力，然能翱翔自適，得"於罪及死之律"(摩西之律)而見釋矣。7 24 試問有此屬靈之人乎。閱加 6 1 而知實有之也。其人雖亦有時犯罪，仍屬乎靈而意與律合。7 14 與律合矣，又脫肉體之轄制矣，尚能不得"無所定罪"乎。

三節 本節與下節受一**蓋**字所轄，言我儕爲何在基督內能得摩西律法之所不能使我得者。摩西之律，不能使人"於形軀(以下皆作肉體)而定罪"(解見篇終)言其不能贖罪，尤不能取消罪在人心之轄制。何以不能，其律原弱乎。曰，非也。蓋律因肉體而弱，不能敵人犯罪之邪性，反常激動罪性使罪生也。7 9 然則罪何以取消，曰必賴 神所遣之子。 神爲何遣其子，曰， **神爲罪故遣其子**，(一爲取消罪案，二除滅魔鬼，來 2 14 三取消罪性。本條所言)子何以**身具罪狀**。因犯罪者爲人，償命者亦必爲人，故耶穌必成人身始能代人贖罪。耶穌死何以能取消罪性，蓋先捨命取消我之罪刑，使我心於悔改而生望，且 神因我信主代我受刑，如此榮耀其子，遂賜聖靈而榮我。由是而來聖靈之工，(一賜我新心，與舊性懸殊，二使我凡事好善惡惡，三時賜我勝罪之能。)**於肉體而定罪** "肉體"指基督之肉體(首意)亦指信徒之肉體(次意)"定"鑑定之意，詳閱 6 6-11 可得此句之慧鑰。基督肉體死於十字

羅馬書釋義　一百十七

架，其與罪之聯關斷絕，罪刑不復能害之，6 10 來 7 16 10 10 彼前 3 18 歸之之罪辜既取消，罪亦無以告之。彼代我死，我於罪亦然也，而我因信基督肉體之死代滅我罪案，卽得其靈居我衷而潔我罪之能，故曰 „於肉體而定罪“ 此所以釋我於 „罪及死之律“ 也。有人謂福音之髓寓於此節，不其然歟。

四節　神取消我之罪性，其目的維何，乃爲 **使律之義成於我儕.** 言成全律之要求聖潔於我儕之身。何以成並成於何人， **卽不依肉體而行依靈而行者也。** „依“ 者從也，言人由是以往，行事之間，惟從聖靈之激動，他激動雖出，我却不從之也。

第二則　從肉體者如何 8 5—8

五節　四節言有二等人所行不同，本節言其何以不同. **蓋依肉體者志乎肉體之事依靈者志乎靈之事，** 所志不同，所行自異也。 „志乎肉體“ 者，思地上事. 西 3 2 其事何也，見西 3 5—8。 „志乎靈“ 者思天上事，西 3 2 其事何也，見西 3 12 腓 4 8 加 5 22—23。

六章　此節冠首之字，按原文當譯作 **蓋，** 非夫字也，乃言依肉體者何以專注志也肉體之事，蓋

肉體之志乃死 卽對於屬靈良善之事，漠然冥然，毫無生氣，勉強思之亦索然寡興。依靈者何以獨志乎靈之事。蓋 **靈之志生且安也**，卽對於一切良善之事活潑生動，興會淋漓，且有靈之平安，能安心理會其事也。（譯文易蓋作夫，或因未思及本章死字之意義歟）

七章上節言，"肉體之志乃死，"本節言何爲而死。**蓋肉體之志敵乎 神**，與生命之源爲敵故也，而其所以爲敵，則 **以其不服 神律**。何以不服，**因不能服也**。（且字原文作因）何以不能，在此未之言，及由7 14及約3 6，知屬肉體不能從 神之法，必須由聖靈重生始克服之也，如輿革司聽曰，雪冷物也，不能使之不冷，如欲使之不冷，惟使之不爲雪也。如猪性喜污，雖洗之使淨，仍見污泥而趨臥於中，如欲使之喜潔，必易猪性爲羊性也。

八章保羅感於靈，遂承上文而作警戒之語曰，**從肉體者不能取悅乎 神**。何以不能討 神之悅，一神只取人不以貌，而以內心，其人任行若何善事，內心仍爲不潔。二 神爲愛，向人所索者由愛心作其子女，彼從肉體之輩，無論以文之舊行幾何禮拜，仍不能以 神爲友而愛之，甚且於己之禮拜，亦不愛之，惟勉強從事耳。是以欲討 神悅者，必信主而得靈感，內心改變也。（肉體σάρξ乃指人腐敗犯罪之全性）

第三則（下） 從聖靈者如何 8 9—11

九節 七八節根於六節上半，而敷陳依肉體者之劣況，本節至十一節則根於其下半，而申明依靈者之佳境。二者之別，悉視其所順從也。本節冠首按原文為一"但"字，反言八節之理，且首句在原文為次句，贅句也，次句在原文為首句，主句也。試依原文之序，則八節言"從肉體者不能取悅乎神"，"但爾不從肉體而從靈矣"。由本節至十一節知從靈者必有其大益四焉。一曰不從肉體。(九節)二曰為其人。(九節從義文作人)三曰因義而生。(十節)四曰身亦得甦。

十一節 何以贅設"神之靈居爾衷"之語乎。蓋欲使人自忖衷懷，常有靈居與否。此事何以至要，因不有基督之靈者非其人也。可知人之屬主而為其人，不在他事，惟在有主之靈在其心內。上言"設……爾"，此言"不有……者"，有註解謂保羅恐傷衆心，故變二身之詞為三身，予竊以為非是，乃保羅主張公理之言，無論加諸何人之身，罄無不宜也。上言"神之靈"，下言"基督之靈"，明見聖靈為父及子之靈，奈西亞總會只言"為父之靈"之不合，西方教會加"及子"二字之為得也。

十節 人何以知己有靈與否。若基督在爾衷身則因罪而死，靈則因義而生。"身"

非指罪性，乃指肉體，主雖爲我舍命代免永刑，肉體仍必因罪而死。曰„因罪“不曰因己罪者，因有無數孩提，己尙無罪，死亦不免，惟無論何人，因罪而死，則無異辭。„生“長存且活潑快愉，易受感激之意，有靈於衷則向一切良善而活，如加 5 22—23 聖靈之果，有靈者亦必結出。„義“非惟指基督之義，乃括一切之義，如使人稱義，十架之義，取消罪念，成聖之義，並人感於靈而行之義，雅 2 24 如約一 3 7 所云„行義者乃義“惟皆根於基督於十字架所成之義也。„身因罪而死“一語原文無動字，譯文多數加一則字或是字，章昂二譯則加一將字，於理尤順

十一節 本節之首按原文宜有一然和官字，使知上節所言身雖因罪而死，然非永死，乃將甦也。首句曰起耶穌者，次句曰起耶穌基督者，耶穌係神子爲人之名，使其一人復起與我何涉，但基督乃教會團體之元首，元首既起，肢體亦必因之而起，如約 14 19 主云，„以我生，爾亦必生“故曰亦必以其居爾衷之靈甦爾將死之身。本節只言一據，故由九節知吾人之身爲神藉靈所居，神將永居其中，不能永毀其殿，外此亦有主之許曰，„復起者我也，生者亦我也，信我者雖死必生，“約 11 25 此許必不落空也。然則不信者不復生乎，曰，復生一也，惟信徒因有聖靈復生得永生，不信者復生受永刑也。○由本條

而知因靈居於吾衷，可得三助，一得脫罪性之轄制，及七章所言之苦。二得靈性之樂，可自由事　神。（斯二者今生業已得之）三來世可身與靈全得救也。

第二條　因聖靈得為　神之子女　8 12—17上

經文　[十二]兄弟乎，我儕非負債於形軀，致依形軀而生。[十三]爾若依形軀而生，則必死。惟以靈而泯身之所行者，則必生。[十四]凡為　神之靈所導者，乃　神子也。[十五]蓋爾曹非受為奴之靈，復致畏懼，乃受為子之靈，因而呼曰，阿爸父也。[十六]聖靈與我靈共證我儕為神　子。[十七]既為子，則為嗣，即　神之嗣，與基督同為嗣。

解釋　十二節　由**是故**（淺文）二字，似本節為1—11之結文，而置於本條之首者，因人為善士，乃作　神子女之起首也。（太5 44—45）**我儕非負債於肉體致依肉體而生。**意謂我儕由肉體未得若何利益，即非負其債，我儕負誰之債，方為誰服勞，既不負債於肉體，奚必依之而生活乎。由上而知靈使吾人因義而生，是吾人負債於靈矣。既負靈債，保羅在此似當續言負靈債者必依靈而生，茲未言者，因已括於前十一節。（見上條末）自此可見信徒在世有二性焉，一屬肉體，使依肉體之好，一屬聖靈，使依　神旨為人也。

十三節　由原文而知本節之首有一**因**字，言人所以不當依肉體而生者，不惟因不負其債，亦因**爾依肉體而生則必死**，非徒無益而有損也。十節已言身因罪死，本節何以又贅此語乎，以十節只言身死，在此則言身靈皆死也。神初造人，靈爲主，身爲服役，及犯罪後，身爲主，靈爲附屬。人既倒置其序，由魔鬼所轄之情欲中討生活，自有其結果在，即與其主人同淪於火湖中也，欲人得救必復其原序，**惟以靈而泯身之所行者則必生**，以當作依
"泯"消滅之意，"行"包括人之欲與志。人依他法雖能拘束身行，惟不能泯之，如空橡皮球，人能握之使變其形，及釋手仍復原狀。可 5 1—5 之患鬼者，人雖以鍊縛之，鬼能斷之。耶柔米因制己欲，匿伯利恆耶穌生身之石洞，著書等身，仍曰魔[illegible]時繪羅馬美女於洞壁，作其欲心，可知依人之力，決不能泯身之行也。今世惡行不泯，來世永刑必受，天堂聖城，決不容欲性未泯之人。如人貪心未退，或淫心未除，見天城之人物，不將眼熱而妄想乎。惟依聖靈不使舊人作主者，始逃死而獲生焉。

十四節　觀冠首之**蓋**官和字，知承上節而申明以靈而泯身之行者何以必生。蓋**凡爲神之靈所導者**，與依靈而泯身行同意，**乃神子也**。神既永生，其子亦必如之而生至

永遠也。或謂惡人魔鬼非亦永存乎，何以聖經稱之爲永死．，曰因其常受死之刑罰痛苦，求死不得，與信徒之永久快樂聖潔平安者，適得其反也。〇右三節所論，乃人得爲　神子女之第一據，即依靈而泯罪性。

十五節　言爲　神子之第二據，乃衆所共知者，一　**蓋爾曹非受爲奴之靈復致畏懼**．二**乃受義子之靈**。文淺對　神親愛恭順，與耶穌有同一之感情，**因而呼曰阿爸父也**。觀信徒祈禱時之“呼叫”與耶穌所呼者同，知此爲子之心矣。稱之曰“義子”者，表明吾人爲　神之子，與耶穌爲子有不同之處也。

十六節　言信徒爲　神子之第三據，不惟本心之經驗，節上且有　**聖靈與我靈共證我儕爲神子**。“子”按原文爲子孫之子，非上節之義子，言我儕爲子雖與主爲子感情有殊，然因性受靈變與主之靈類同，則感情亦有同者。約3 8“共”上節言我心爲證，茲言靈與“共證”。聖靈何以作證，保羅未加詮解，此與聖靈印我儕且感我信福音爲眞理同。林後1 22 5 5 弗1 13 4 3雖難言喻筆傳，然爲信徒所得最上之證。如前美之尼革羅人，聞林肯釋奴之諭，聰慧者洞悉身得自由，悲喜交集，鴑鈍者受虐日久，奴性生成，無自由之意念，盼嘉音而懞懂，一旦此憨笑傖父恍然大醒，覺其身離水火，同登春臺，乃與自主國民，欣欣相慶，世界罪奴遇赦，感於靈而頓悟爲　神子也亦若是。

十七節上　既爲子則爲嗣卽　神之嗣　"嗣"有受業之意，由申10 9 創15 1，知　神爲業，由林前3 21—23，知其意甚寬，聖經常用以表天堂爲信者之所必得。吾人之得之也，不惟藉基督作中保而爲嗣，加3 29 來9 15 亦與基督同爲嗣。約17 23 既云與之同受，可知非指世福，乃在　神家與基督同得之永業也。來12 2 啓3 21

第三條　在患難中立穩之故 8 17下—30

經文　[十七下]若與之同苦，亦必與之同榮，[十八]我意今時之苦，不足比將顯於我儕之榮，[十九]受造之物，引領而待　神衆子之顯，[二十]蓋受造之物服於虛，非其本願，因服之者之故耳，[二一]蓋望受造之物，亦脫於敗壞之束縛，得入　神衆子自由之榮，[二二]我知凡受造者，至今共歎劬勞，[二三]不第此也，我儕獲聖靈之初實者，亦中心太息，以俟得成爲子，卽我身之贖焉，[二四]夫我儕以望而得救，然既見之望，非望也，蓋既見之，孰猶望之乎，[二五]然我儕望所未見者，則忍以待之，[二六]且聖靈亦如是助我儕之弱，蓋

我不知宜如何祈禱，惟聖靈以莫可言之太息代我懇求．二七且鑒人心之　神，識
聖靈之意，因依其旨代聖徒懇求也。二八我儕知萬事同工，以益夫愛　神者，即依
其旨而蒙召者也。二九　神所預知者，又預定效其子之狀，使爲衆兄弟中之冢子．
三十其所預定者召之，召者義之，義者榮之。

解釋 十七節下 此爲轉節，言若在來世與基督同受基業，亦必於今世與基督同苦，彼前4
1—2 腓3 10 爲吾人爲　神子之第四據．來12 7—8 又爲第三條之開端。**若與之同
苦亦必與之同榮**，信徒爲何必受多苦．一世人恨基督之心亦至於其徒．約一3 13
二因吾人不得不責世人之非，遂遭反動．約3 20 三非受懲治不得除去瑕污。來12 10—11
何以曰與基督同苦．因門徒亦爲義受逼迫也。徒9 4—5 基督在世諸苦備受，一因其不
屬於世，約17 16 二爲體恤人弱，來2 10 4 15 5 9 終受十字架之苦，於以得名得榮．
腓2 7—9 路24 26 然則吾人與之同苦，不亦將"與之同榮"哉。林後4 19 提後4
7—8 彼前4 13 5 10 啓7 13—17 本章18 若然信徒穩立難中之故，思過半矣。試分三
則釋之，一將來之榮不可勝言．18—25 二得聖靈之助．26—27 三　神主宰一切必使萬事

益夫愛之之人。28—30

第一則　將來之榮不可勝言 8 18—25

十八節　由蓋文淺字而知保羅言吾人何以知與基督同苦爲有價值，由我字而知保羅發抒其一己之經歷。當彼作本書時，經歷患難已較羣衆爲多，林後 11 23—29 於天上福樂已知他人之所未知，林後 12 2—4 兩相較衡，故曰蓋我意今時之苦不足比將顯於我儕之榮。"榮"卽基督顯著時之榮，西 3 4 言苦雖大而榮尤大，與主同也。賓 53 11 來 2 9

十九節　上節曰"將顯於我儕之榮，"本節曰其榮之大有何憑證．19—22 之第一爲榮大之據 蓋受造之物引領而待衆子之顯。"受造之物"一有謂指無生命之物者，然無生命必無望也明矣，故知非也。二有謂指宇宙者，人亦在內，但與本節及 21 之衆子不合，故知亦非也。三有謂指人類者，但若括信徒而言，則與本節及 21 矛盾．若單指不信者，則與聖經不符，(一)因聖經常以世人呼之，未嘗稱之爲 κτίσις 物也，(二)因創 3 17—19 之詛，唯指物也。四有謂指人類以外之物者，但人亦爲受造之物，且論人之身體更屬諸物。五有謂指凡 神所

造有生命之物，除衆子外，有理心無理心者均在內，雖未嘗見贖，未嘗得救，卻能因受更改
而得完全。此保羅理想之意，與詩 114 4 賽 35 類同．顧亦有其實底，如植物依其本性，似
宜勉結佳果，吾人見其開花美觀，亦若有結佳果之意，乃屆時結出不佳之果者，明見樹之
不得順其本性，何也，見詛也。且凡有生命者，皆有其覺悟，特吾未之知耳，而生命常受困乏，
不得其當，不遂其性。保羅見其引領 ἀποχαραδοχια 而望，雖不明白呈露，卻爲萬物所 ,,待‟，
如凡人所待，卽其所望也。 ,,衆子之顯‟ ἀποχάλυψις 顯字，新約屢用以論耶穌復臨之顯著，
林前 1 7 帖前 1 7 彼前 1 7 13 串珠 但 ,,及其顯著，爾亦將共顯於榮中‟， 西 3 4
故曰衆子之顯。
二十節 言 ,,受造之物‟ 何以有此不言而喻之切望．蓋受造之物服於虛． ,,服於虛‟
謂不得達其目的成所當成。非其所願，各思遂其本性而不得遂之意。夫萬物無罪，其苦
亦非自召，乃因服之者之故耳。言 神罰人不得不罰其環境所在之世界．既罰世界，
則此世界萬物，雖不願隨人而受罰，亦莫能幸免，因不罰物卽無以罰人也。萬物既由人而
見罰，則其脫離亦必待 神子得脫之時，尚庸疑乎。

二十一節 何以言受造之物有此,,切望"蓋望受造之物亦脫於敗壞之束縛．此代受
造之物立言，亦爲十九節之解。,,敗壞"非德行敗壞，依原文乃腐敗之意，言萬物各有其
束縛，至其何時得脫，可見十九節末句．徒 3 21 西 3 4 彼後 3 13 啓 21 1。迨我主
顯榮之時，卽同 得入 神衆子自由之榮。,,自由之榮"不如淺文,,榮光中之自由
"爲得其眞．謂所得者，非 神子之榮，乃屬此榮之自由，而得遂其被造之原性也。如魚在水鳥在空各適其性

二十二節 以受書者與己之所共知，爲萬物所以望得榮之自由之據，蓋▲淺文 我知凡受造者
至今共歎劬勞。,,共" σύν 非人與物，乃物與物．,,歎劬勞"非將死之哀鳴，乃生產之
呻吟，雖因劬勞而歎，尚有希望在心也。何以知此切望爲將得自由之據，蓋使萬物有此等
待之式者，眞實之 神也．其所賦於萬有者，悉屬眞實，不能欺人，亦不能欺物，如物理之有
其式，必有其結局也。原文,,我"我儕

二十三節 言將得榮之第二據．不第此也，謂不第萬物有此等候之式，卽我儕獲聖靈之初
實者，亦中心太息，以俟得成爲子，卽我身之贖焉。 我儕雖有此望，然人之望不必

羅馬書釋義　一百二十九

皆可靠而成功也，而謂此望必有成乎，曰此望之生，我心由於聖靈，與天父不能欺人一也。

“靈之初實”何實也。一初時教會所得之靈能，林前12 8—10 二人心所得之新德。加5 22—23 聖靈之功亦不能中止，有此初實，卽爲完全將來大事之據，我儕今日雖有義子之名，而所望之福尙未成也。迨“我身得贖”卽得全其地位，爲子爲無罪復新之人，居於無罪之新世界，歎息一掃而空之矣。

二十四節　上言吾人之望爲得榮之據，此言其望爲何如此關要，蓋夫非也**我儕以望而得救**。“以望”原文爲“於望，”非因望依望之意，乃在望中之意，如病夫獲愈，雖因藥料之力，並依醫士之技，但亦在己之望中。無望則病難愈也，信徒得救亦然。吾人有聖靈之初實，又有所賜不虛之望，誰其疑懼之有。然此望爲何作將得之福之據，因**既見之望非望也**。可知所望者非今世能見之益，“蓋既見之，孰猶望之乎。”

二十五節　我儕既不望今世所見，然則所望何也。乃**望所未見者**。“望”仍十九節之引頸而望，此望之大益，卽使我**忍以待之**。“忍”原文爲“服於下，”服於何下，卽十八節之苦，三十五節之諸難，我服其下延頸而切望，此穩立難中之第一大原因也。

第二則　得聖靈之助　8 26—27

二十六節言不第有望爲我之助，**且聖靈亦如是助我儕之弱**。此穩立難中第二大原因也。
譯作"助"字之原文，除本節外，新約他處只用一次，路 10 40 乃人在難中，擺脫不開之
際，友人蒞側施厥能力，助我勝斯艱辛，如詩 46 1 "隨時扶助"之意。何以知靈助我也，
曰，吾人得助多矣，在此只言其一，**蓋我不知宜如何祈禱**。祈禱雖易，求其合宜則不易
也，吾人祈禱之際，常重人世利益，不務靈性福樂，聖靈則有以助我。聖靈何以助我祈禱間，
於斯未嘗盡言，只謂**以莫可言之太息代我懇求**。"代"當作"爲"，非如基督在
神之右替我祈禱，乃吾人祈禱時聖靈與之同在。其同在之效，見於吾人不能達出之意，因
人意念思想，常有逾於言語所能發瀉者。弗 3 20 "莫可言之太息"非靈之太息也，靈
固無不能言者也。非靈而曰靈之太息者，因吾人有此意想，非出於己，感於靈也。
二十七節上節言聖靈感我有莫可言之太息，既莫可言，大父何以明了。因不惟有聖靈爲我求，
且鑒人心之　神識聖靈之意。何以識之，**因依其旨代聖徒懇求也**。聖靈既依
神原旨爲人懇求，　神有不識其旨而不成其旨者乎。由是而知父子與靈，咸欲世人得救。

羅馬書釋義　　一百三十一

父之心，一見於遣子降世，二見於差靈感人子之心，一見於教導及受苦，二見於代人祈禱．靈之心，一見於啓迪世人，二見於爲人懇求。三位一體之　神，一位謀救斯人，一位代其受死，一位爲之哀祈，人而求救，尚有不得者乎，特患人不求耳。

第三則　神主宰一切使萬事益夫愛之之人 8 28—30

二十八節 我儕知萬事同工，„知“非憑理想，乃一由聖經所載諸聖徒，如雅各約瑟之遭際 詩105 17—18 而知．二由己之經驗而知。„同工“言萬事作工之目的相同，乃 以益夫愛　神者。謂萬事有益，惟非於人人有益，祗益夫愛　神之人。愛　神之人爲誰，卽依其旨而蒙召者也。可知愛　神者之所以愛　神，非其本性，乃因　神於伊等，顯其特愛而召之也。本則爲人稱立雖中原因之三

二十九節 由蓋官和字而知萬事所以於愛　神之人有益，非自然偶然之事，乃本於　神之預旨，蓋　神所愛卽　神所預知者。„預知“乃預先視爲合宜，重視 如摩3 2　神於地上萬族，只識以色列人．„我將示之曰，我未嘗識爾“ 太7 23　神於世人，尚有不識者乎，特有悅不悅耳，顧　神悅其何事而選之乎，曰，非以其行，非以其信，9 11—16 在　神必有其

故，在人則莫之知．如玉人由積貯之漢白玉中特選其一，玉人心中必有所用以雕刻之像，惟他人則莫或悉其用意，故不知其選此不選彼也。預選之後，目的斯顯，又預定效其子**之狀，使爲衆兄弟中之冢子。**(淺文曰使彼)„效其子之狀，“不第摹擬主之言行，更當以主心爲心。腓2 5 在此可見 神愛吾人之第二故，(第一故見本節首句)因基督在我心內雖未成形，但已有冢子之狀，神必不忍方針中變．吾人愈愛其子，即愈愛於 神，將來信徒在天國之高下，多準於斯。且知 神預定吾人成聖之法，乃效其子，若人以爲吾被預定列爲得救之輩，卻不效主之狀，以求與冢子同行，洵自欺也。

三十節 **其所預定者召之，召者義之，義者榮之。** 並上節預知預定共爲五步，乃將 神創世前之計畫，創世後之工作，及將來之成就，合盤托出，羅於人前。然人得救祗 神一面之事乎，信徒無本分之有乎．曰，五步工作，固皆 神之所爲，而召與稱義之間，人必悔改信主．稱義得榮之間，亦必披戴(亦曰穿上)基督也。由數„所“字，知自預知而迄得榮，未失其一．在昔預知幾何，將來得榮者仍其額也，然則信徒處患難中，尚無所恃而穩立乎。○十七節言同苦同榮，本節言 神使得榮，前後照應。

第四條　凱歌 8 31—39

經文　[三一]如是將何言耶．若　神佑我，誰能敵我。[三二]彼不惜己子，爲我衆舍之，豈不並以萬物賜我歟。[三三]誰訟　神所選者乎，　神義之，[三四]誰罪之乎，基督耶穌既死矣，且自死而起，在　神右，爲我祈也。[三五]誰能間我於基督之愛．或患難，阨窮，窘逐，飢餓，裸裎，艱危，白刃乎。[三六]如經云，我儕緣爾終日見殺，視如將宰之羊。[三七]然我儕於此諸事，賴愛我者勝而有餘。[三八]蓋我深信或死，成生，或天使，或執政者，有能者，或今時，將來，[三九]或高，或深，或他受造之物，皆不能間我儕於　神之愛，卽在我主耶穌基督中者也。

解釋　三十一節　**如是**　淺文依原文作"至於此事"（至字不如易爲對字）卽 29—30 所言之事也。意謂　神既如此安排，我儕對此**將何言耶**。謂恐仆於試煉中乎．　神必於其中闢途，使能勝之。林前 10 13 謂恐失聖靈之助乎．靈雖擔憂，　神必使與我永偕。約 14 16 謂恐己之信不足乎．主爲我祈，必使我信無闕。路 22 32 提前 1 14 然則將何言耶，恐有敵汝者乎．若　**神佑我誰能敵我**。"佑"原文"爲"也．　神爲我謀，所作悉屬祐我，敵我者其

誰乎.„誰“非指何事,乃指有格位者,鬼魔也。弗6 11—13
三十二節 上節言 神爲我,此節言其憑證,彼不惜其子爲我衆舍之,豈不並以萬物賜
我歟。„萬物“非指天地間所有之物,乃指吾人一切需用之助.„我衆“非天下人,乃
我衆信之者.言 神既爲我衆舍其子而不惜,豈於其他屬靈之助,不賜於求之者乎。弗1
3
三十三節 稱義之法,定於 神,成於 神,吾人可以放懷矣。誰訟 神所選者乎.大審之日,
被控定罪,人所最懼者也.信徒則無所用焉,因無所不知之 神已義之矣.魔鬼尙能提
出 神所不知之事而訟我乎。下節之誰罪我乎當歸本節解釋,言 神既不以我爲有
罪,而稱我爲義,魔鬼焉能罪我哉。
三十四節 由三十一節至本節首句,爲信徒對於敵者直接之阻,可以安心之故.其不可動心之
基礎在本節次句。一我儕有罪乎.有基督耶穌既死作我挽回之祭矣。3 25 二吾爲新
人之力不足乎.且自死而起爲吾生命之源。5 10 三與敵交綏力不逮乎.有主在
神右 卽在大有權者之右,助我得勝。約10 28 四每日有罪不敢見 神乎.有其作我中

羅馬書釋義　　一百三十五

保爲我祈也。來 7 25 約 17 全

三十五節 由本節至三十九節，爲信徒對於敵者間接之阻，可以安心之故。基督既爲吾人之磐石，吾人即有恃而不恐，因主愛無比，我可恆居於其愛中而安心。**誰能間我於基督之愛。**"誰"與三十一節同。"間"言因困難紛至，如雲霧隔日，由陰翳而生疑懼。保羅經歷艱辛，深悉魔鬼常假不法者之手，加諸苦於其身。諸苦維何，**或患難阨窮……乎。**吾人何以不當以此諸苦而疑懼或生。蓋吾人遇此，乃爲基督徒之據。魔鬼欲假以間我於主之愛而爲其奴。若我不爲基督徒者，則魔鬼無所爲而用其技術，使吾人之遇此也。故吾人不患有難，患無難。有難則安，無難則危也。或謂天父愛我，何以復苦我乎，其苦我也，非不愛我之據乎。曰非也，由徒 5 41 知主之眞徒，樂爲主名受辱，與之同苦，亦與同榮，17 而　神於所愛所納之子，必懲治而責扑之。來 12 6 況我儕所受，不能逾於基督，太 10 24 基督爲　神獨生之子，猶不免釘於十架，能執此而謂　神不愛之乎。

三十六節 信徒受苦，仍愛於　神，聖經其明證也，如經云 詩 44 22 **我儕緣爾終日見殺，視如將宰之羊。**雖不知其人所以受苦至於此極，然知其皆爲　神所愛也。

三十七節 不惟古人見救而得勝，然我儕於此諸事賴愛我者勝而有餘。,,勝而有餘"交戰獲勝之後，猶有餘力之謂；所以有此餘力者，因與力源相接，如羅經之指南針，常爲地磁所感，不能失其磁力也。,,愛"爲已往式，乃主於十架一度捨命之愛。加 2 20。主既愛我至於捨命，愛人之事無逾於此者矣。約 15 13 吾人其他困厄，尚有爲其愛所不及者乎。

三十八節 言我儕所以能得勝有餘者，蓋我深信 今世來世人世靈世一切阻礙，皆不能間我於 神在基督中之愛也。既不失其愛，斯得救矣。**死** 不能間我而失此愛，因耶和華視望民之死極爲寶貴，詩 116 15 雖經其幽谷，亦不慮遇害。詩 23 4 **生**之力有時較死爲大，其中危險多多，然亦不能間我。**天使** 惡天使也。**執政者** 空中乘權者也，魔力孔張，主已挫其凶鋒，信徒衣 神鎧甲，即得卓然而立。西 2 15 弗 6 10—12 **今時** 之聲色貨利，能奪底馬之輩，提後 4 10 愛主者仍得脫離。彼後 1 4 **將來** 前途茫茫，人莫之知，膽怯者疑慮橫生，眞信徒有主引領，毫無畏懼。賽 26 3 詩 23 全 **有能者** 不宜置 ,,今時"之上，當移於 ,,將來"之下，淺文 指世之君王侯伯等。蓋天使執政指靈世，今時將來指人世，若置於今時之上，與靈世相並，則人世之有能者遺之矣。彼等雖有生殺之權，然宜定爾心也。路

21 12—15
三十九節　上節已將今生來世言之詳盡，保羅何復贅以或高或深　者乎。乃恐有人心懷疑懼，故益此包含無量之言，使人知無一能間眞信徒於　神之愛。何爲贅以或他受造之物乎。蓋令人思凡所有，不外創造與受造二類。創造之主既愛我儕，使我得救，則受造之物胡能加害於我而生我懼乎。此係答覆三十五節首句之問，而統二十九節以下之言觀之，知原爲　神所悅者，後變爲其所愛者。約 16 27 如此凡在我主耶穌基督中者，卽爲神所永愛者，而無一能間之也。可知吾人不但見愛於　神，亦在基督中見愛於主，卽當恆在　神之愛，猶 21 且恆於主之愛內也。約 15 9

第二股　以色列見棄　九至十一章

提綱　因信稱義，保羅已詳哉言之，惟外乎律而普及人羣之信道，似不容於猶太人之特權。若輩原爲選民，基督由之而生，今以不從藉信見義之新解，竟將見棄於其　神，神其公平。披覽上股，知保羅時懷此意，顧念骨肉，如言信道利益，雖兩族皆可得，而猶太人在先。1 16 2 9　神鞫猶太不爲不公，因其人有罪。2 17 於 3 1 當一揭此難題，曰，，猶太人何所長，，祇以本書宗旨未明，遂未詳覆此問，及於四至八章引依信稱義爲舊約內救人大道之確據，而書之宗旨昭然，可復及其本族之事而無礙矣。本股可分三段，第一段以色列見棄 神仍不失爲公．9 6—29 第二段以色列見棄乃咎有應得．9 20—10 21 第三段以色列不盡見棄 神之棄之爲救他人。11 全

小引 保羅之大憂苦 9 1—5

經文 九章一 **我宗基督言眞無誑，我是非之良感於聖靈，同爲之證，**[二] **我有大憂，痛心不已。**[三] **即爲兄弟骨肉之親，見絕於基督，亦所願也．彼固以色列人，得爲神子，有榮耀，諸約，律例，禮儀，應許，**[五] **列祖，其祖也，依形軀言基督由之而出，即在萬有之上，永世當頌之 神。阿們。**

解釋 九章一至二節 本股與上股，依文詞觀之，洵屬不相蟬聯，惟細味八章所言之諸福，與以色列大局無關，彼原屬以色列之保羅，焉得不憂痛萬狀．使能萬一福及骨肉者，雖己見棄亦甘願乎。**我宗基督言眞無誑，我是非之良感於聖靈同爲之證**。保羅何爲作此焦着熱愛之語乎，斯台夫曰，，保羅宣告異邦信徒，不必拘守摩西律例，本國人怒而敵之，

羅馬信衆一方知猶太排外之嚴格，一方見保羅親外之熱誠，恐有視爲叛道而疑其奉召不確者，故保羅於證　神以公而遇以色列之先，特表同情於宗邦，使知以下所云，非吐自仇猶太者之口，實發諸患難與共之友“。保羅之言勢若發誓，伊枯米奴云，„言內挾帶證人，一基督，二聖靈，三良心，使衆知其言之不虛也。„我有大憂痛心不已．„憂“ λύπη 屬靈者，根於理論及感情，„痛“ ὀδύνη 原指神經之痛，茲沿用而仍其意，以表心房（非膈筋）因憂而覺之痛楚也．保羅悼傷祖國，殆有甚於秦庭之哭矣。

三節　節首之聯詞，原文 γάρ 蓋（英文 For 三漢譯皆遺之）也，非言其大憂之故，乃言其誠心之據，蓋我爲兄弟骨肉之親故，即已見詛而離基督亦所願也。（逐文）„詛“ ἀνάθεμα 在 LXX 及新約指歸　神見滅之意，書 6 17 加 1 8，9 非如路 21 5 ἀνάθημα 歸　神爲榮之意。„離基督“ 非離而敵基督，如撒但及惡人然，乃離而不得享同在之福也。„亦所願也“，漢譯語意過重，不若美新譯 I could wish „我能願也“ 意謂若此爲可有之事，我亦能如是願之，惟事屬非可，故保羅不曰所願，只曰能願耳。是言也，趙維特曰，„感情之言也，不可與深思理論之言等量而齊觀之“。

四節 回憶本族昔日所蒙之特恩，所居之高位，今竟見棄如遺，洵令保羅憂痛靡暨論。其原有之長，3 1 彼爲以色列人，淺文稱之爲猶太人，不過指其屬於人羣何族，名之爲以色列人，則表其與 神特別之交情。新約時代常如此用之 無如所望特救己族之彌賽亞蒞世時，竟無分於其國之福，以色列而不爲以色列矣。何 1 9 義子之分 淺文 猶太向無認義子之例，惟皆明其事義。出 4 22 所言長子之位分，神特選以色列而予之，玆乃父子情絕，屏諸四夷，悲夫。有榮耀 δόξα 即LXX用以譯舊約"雲柱"出 14 19 之字。雲柱爲 神導其民之明證，古今萬國，除以色列未有得此尊榮者。諸約 所以用多數字者，因 神與列祖所立之約，亦重立於其子孫。創 6 18 9 9 15 18 17 2 7 9 出 2 24 神與人立約，他族末之或見，惜乎前列約內者，今落約外也。律例 原文 νομοθεσία 爲"律例之設"指初賜律時所顯之榮。出 19 16—19 來 12 21 禮儀 淺文作"崇事"，乃帳幕與聖殿內敬神之儀也，猶太人奉爲冠冕，亦 神親口所諭，豈他禮節所可同年語哉。應許 原文爲多數字，包括指彌賽亞之諸許。據猶太人成見，諸許特爲己有，彌賽亞來時，信徒將受其福，罪人將見滅亡。其所謂信徒，猶太人也，罪人，異邦人也，詎意保羅時代，事實適得其反。

五節 **列祖其祖也，**列祖亦以色列光榮之一也。保羅雖不從當日謬說，謂列祖積有餘慶，可蔭襲子孫而補其缺，然亞伯拉罕以撒雅各等信行世所罕覯，且選於 神與之立約，厥爲以色列之祖，他國列祖，何能望其項背，此亦保羅種族憂痛之一原因，蓋秋華而無實也。**依肉體言基督由之而出。**以色列之於 神也，不第有以上美感，基督生於猶太，成 神選之之目的，其榮之大如日中天，視星光芒芒之他榮，駕乎萬倍而上之。世人得救必藉"萬有之上永世當頌之 神"之降生，而其降生之次，有獨而無偶，何國何族，膺此無上之榮乎，以色列也，其如"彼至屬己者，而己之人不接之"何。

第一段　以色列見棄　神仍不失爲公　九章六至二十九節

宗旨 以色列見棄，雖令異邦使徒憂苦，然一與 神之言不相背也，詳稽舊約，知 神之許根於其恩，惟賜於所選者，以撒雅各爲其明證。6—13 二與 神之公不背，因 神爲自由之君，毫無所負於人，顯其爲君之權時，亦向一族多施恆忍包容，適如舊約預言。14—29

第一支　以色列見棄與　神之應許不背。6—13

經文 六非謂 神之言廢也，蓋出於以色列者，非盡以色列人，七亦非因其爲亞伯拉罕之裔，遂盡爲子，經云，由於以撒者，乃謂爾裔也。[八]是則形軀之子非神子，惟應許之子稱裔也。[九]其所許之言云，屆期我至，撒拉必生子。[十]不第此也，利百加由我祖以撒而妊，[十一]二子未生，善惡未形，俾　神選人之旨不移，非由乎行，乃由乎召之者，[十二]遂諭利百加曰，長子必事幼子。[十三]如經云，我愛雅各，而惡以掃。

要義 以色列承　神諸許，乃許成而已見棄，豈　神食其言乎。非也，蓋　神之福未嘗許與亞伯拉罕衆子。且閱聖經，知由肉體而生者，非盡蒙恩，以實馬利以掃悉其據也。然則　神於以色列族，有棄之如彼二人者，能謂其許廢乎。

解釋 六節 保羅於上五節表其求和之心，至此則證明本題，語意微與二三節相反，故原文節首爲 δέ **但** 字。但非謂　**神之言廢也**。何以言之，蓋許以色列諸福，非以其按肉體爲以色列之裔，彼眞以色列人，乃與先祖以色列誠信其　神者，而以色列國中其人不可多得，即不得皆以以色列人稱之。以此**出於以色列者非盡以色列人**。神既非如此許，則彼見棄，焉得謂　神言見廢乎。上"以色列"指雅各，或指以色列國 下"以色列"指其靈裔，即　神所許者也，理與加 3 7/8 同。由加拉太之書觀之此理早爲保羅所思及矣 "神之言"　神之許也，

新約內惟此處如此用之。（末二句爲首句之第一據）

七節　本節與六節末二句，按文法爲並列，乃六節首句之第二據．匪僅出於以色列者，不盡爲以色列人，亦非因其爲亞伯拉罕之裔遂盡爲子．此爲人所共知．唯“由於以撒者乃謂爾裔也”。由六七節之序，可知保羅之意，按肉體生於以色列者，不能謂必受諸許，因　神之許由亞伯拉罕下傳，而亞伯拉罕之裔，未皆受之，受之者衆子之一耳。“亞伯拉罕之裔”新約內有二意，一肉體之裔，如本節上裔字及約 8 37．二靈裔，如本節下裔字及加 3 29。

八節　觀“是則”二字，知以下公理由上二節引出．肉體之子非　神子，惟應許之子稱裔也。“稱”者計也．亞伯拉罕人道生子，可謂爲　神所賜，不能計（官和日算）爲　神所生，因其生不由於　神之大能，即不得計於裔內．惟以撒由　神應許而生，故可謂爲　神子而計爲裔。是理也，猶太人莫不誠服，亞伯拉罕之家既有此別，曾謂以撒雅各之家不如是乎。（本節道旨亦括他意，如以撒之肉體因許而生，爲後世由靈而生者約 1 13 之預表．但保羅於此非解異邦人所以可稱亞伯拉罕之裔及　神子之理，乃證以色列人所以於諸許有分之故）,,應許之子"非所應許之子，乃如擬人法，（擬應許如人）言　神之應許亢斥大能，使凡在約內者得生也。

九節　首句文和官和皆失其眞，惟淺文略得其意．當作,,蓋此爲應許之言"上節言,,惟應許之子稱裔"則以撒必爲應許之子，方可爲　神之裔，爾等（猶太人）披閱聖經，以撒適如所云．,,蓋屆期我至，撒拉必生子，此應許之言也。"（原文注重應許二字，故列於節首，,,蓋應許哉，此言也，屆期云云．"）此字乃本節所引創18 10 14並合之言。由上數節思之，可見亞伯拉罕生子雖多，然與　神特有聯關者，以撒一人而已．以撒因　神之能按　神之時由　神之許而生，其他出於亞伯拉罕者，自非由許爲亞伯拉罕之裔矣，而六節末二句，豈有誤乎。

十節　顧或者曰，以上所言，非至論也，以實馬利之不計於約內者，婢女所產，非生於嫡室也。保羅答之曰，**不第此也**，謂我不第有六至九節之憑證，更有不移之確據，不見於　**利百加由我祖以撒而妊**　者乎。以撒由許而生，得佔　神子高位，彼一人由一妻一時所生之雙子，一見選一見棄，非其明證也哉。此選棄之語，未見於本節經文，因其意不言而喻，保羅以爲不必足成，見原文與英譯。

十一至十二節 言二子所以有此區別，蓋 ἵνα（遂弗也）論利百加曰長子必事幼子。十二節 在此譯語，文和淺文不如官和遠甚，（惜官和亦遺因字）因未透悉十節未畢之言與十一節之接聯。若以蓋字代遂字，且順官和括十一節於弧內，意卽昭然揭出。十一節保羅所加之特意，非其證所必需，雅各見選，以掃見棄，本題證據確鑿矣。所以加之者，爲使人知選也，棄也，根於　神之旨也，有　神之奧意存焉。11 32—34 曰選棄根於　神旨者，“二子未生，善惡未形，”　神卽選之棄之，爲其據也。　神選此棄彼，亦非如盈捜吞所言，“因預知此將爲善，彼將爲惡。”“蓋閱雅各行述，無何高尙品格，爲以掃所莫及，其名卽足代表其性質矣。”然則　神何爲如此行乎，曰：無他也，乃俾　神選人之旨不移。是語爲本股（九至十一章）慧鑰，　神欲使其旨永存 μένῃ 不廢，（六節）卽非由乎人之行，乃“由乎召之者”不移之旨。（解此節者不可以之爲神選人得永生或不得永生之據，因此唯論雅各見選爲選民之首而已，非八章二十八節之意也）

十三節 如經云我愛雅各而惡以掃。題理業已證明，保羅復贅瑪 1 2—3 之略言，註釋家多以是爲解　神如此行事之故。謂　神選弟棄兄，非以功德之有無，乃以愛此而惡彼。

此解雖辯，然不合所增十一節之特意，23見14 因神行事，不隨其愛惡而隨其定旨，且觀創25
23 瑪 1 2—3 之言，知不第指彼伯仲，更注重其苗緒也。細味保羅語意，無非引瑪拉基
所言之實事，以爲神旨之明證。神之愛常歸雅各苗胤，（其中多有屬靈者）特立先知及他職司
以訓導之，以掃之裔，則山嶺荒涼，田徧野犬。可見二子未生，已有選棄之旨，後世歷史，證爲
而已。〇六節之意至此已結，神之許歸於亞伯拉罕以撒之後，不按人道而由神旨，有
諭利百加之言爲鐵證。在彼二先祖家，神之許未因見棄者而廢，而謂在以色列家有此，
神之許即廢乎，反對者可以休矣。

第二支　以色列見棄與神之公義不背 9 14—29

經文　[十四]然則將何言耶。神有不義乎，非也，[十五]蓋諭摩西云，我欲矜恤者矜恤
之，欲憐憫者憐憫之，[十六]是則非由志意，非由馳驅，乃由矜恤之神也，[十七]蓋經諭法
老云，我之興爾，特彰我能於爾，揚我名於天下，[十八]是神隨所欲矜恤之，亦隨所
欲剛愎之，[十九]如是，爾必語我云，神何尙責人乎，孰逆其旨乎，[二十]人乎，爾爲誰，反詰
神耶。受造之物，豈謂造之者云，爾何若是造我乎，[二一]陶人豈無權於泥，由一團

而造器，一爲尊，一爲卑乎。[二二]若　神欲彰其怒，示其能，以恆忍包容可怒之器，備以毀敗者。[二三]且欲示其豐富之榮於矜恤之器，備以獲榮者，[二四]即我儕蒙召之人，不第自猶太，亦自異邦，如是尚何言哉。[二五]何西書載　神言云，我將稱非我民者爲我民，非蒙愛者爲蒙愛。[二六]昔於某地語人曰，爾非我民，將於斯地稱爲維生　神子。[二七]以賽亞指以色列呼曰，以色列衆子，其數雖如海沙，得救者其子遺耳。[二八]蓋主將踐其言於世，且果決而成之。[二九]如以賽亞嘗言，若萬軍之主，未遺餘種於我，則我儕已如所多馬蛾摩拉矣。

要義　由上文觀之，知　神選人，非由乎人之行，乃悉憑其爲君之旨，即於以色列人，選棄仍從所欲。猶太人聞之，必怫然不悅曰，爾言若是，其　神不義歟。但吾知　神至公義也，殆爾言謬矣。保羅曰，非也，　神行其旨，誠如吾言，爾所信之經，爲其證也。

解釋　十四節　謂　神選雅各，以其將爲善士，棄以掃，以其將爲不善之士，按人理，必多數首肯。但謂　神愛此惡彼，無非依其選人不移之旨，人必詰之曰，**然則將何言耶，神有不義乎。**意謂　神自爲義，必保羅理有未確。**非也**　μὴ γένοιτο　淺文作"斷乎不然"

非答若人之問，乃言此爲人心不當存之念也。

十五節 **蓋** 意謂若可因功邀賞，猶太人必推摩西（或亞伯拉罕）其人，但觀出 33 19，神諭摩西云，**我欲矜恤者矜恤之欲憐憫者憐憫之**，可知我所言者，與爾聖經所載，其理一也。“矜恤” ἐλεήσω 指心內感情，“憐憫” οἰκτειρήσω 指感情現於其面，二者無大區別，皆恩也。恩則非 神負人之債，爲人得其所不當得，能謂 神施其恩，尚須視人若何，而不專憑其旨乎。

十六節 **是則** 引人推測之詞也，所推測者卽 神之矜恤，**非由志意非由馳驅**，言非人之志意馳驅所可主理，**乃由矜恤之** 神，全憑其一己所悅也。既皆爲 神一己之恩，則“以我之物，行我所欲，不亦宜乎”，是理也，不第對國對族爲然，卽對個人亦然，蓋七至十三節雖論國族，而十五節及太 20 13—15，則明對個人而言也。

十七節 **蓋經諭法老云**，此由反面引證，謂不惟 神於其恩依自專之旨而賜，卽 神以公而行其言，亦無不惟旨是依，“經諭法老”，其確據也。至提法老不提他人者，以十五節言及摩西，而法老與摩西對壘也。 神於六災之後，命摩西面論法老，謂我以此流行之疫滅

爾，非不能者，所以不如此，乃欲**與爾特彰我能於爾揚我名於天下**。出9 16此
神忽此忽彼，行事無端乎．曰，否，　神賜恩與不賜恩，無非隨其爲君之旨，一也．如　神與法
老，非爲剛愎其心，乃藉其一己之剛愎，揚主之大名耳。
十八節　**是**與十六節之是同意，爲由十七節推測之詞，　**神隨所欲矜恤之，亦隨所欲剛愎之。**
„剛愎“非　神直接剛愎其心，乃憑法老倔彊性質而任其剛愎．　神已六警
法老，後又再四戒之，足使知　神不可敵矣，猶行輕藐，非剛愎乎。出9 15 34何以謂　神
剛愎之哉，出9 12 10 20 11 10曰，警戒來自　神也，不受　神戒而蔑視　神恩，至於剛
愎，　神罰之，義也，非不公也。○以上所言之理，聖經之理也，持定舊約之猶太人，烏得不認
諸．蓋按舊約，　神選以色列爲貴重之用，以東爲卑賤之用，選摩西爲蒙恩之器，法老爲可
怒之器，皆依其旨而無不公．然則新約時代，以色列人有選入彌賽亞之國者，有„見擲於
外之黑暗“者，奚不可哉。　神施特恩，古時沐化而獲效者，所在多有，今日各族各方觸目
皆是，而其任人因果循環，(1 20—28)剛愎厥心之政治，亦無不歷歷在目．可見　神之定旨，
毫無礙於人之自由，惟人只知其當然，莫悉其所以然耳。讀者當知保羅於此，非論永生永

死，亦非謂有人特造於 神備受永刑，乃言 神管理斯世，悉依自由，而其選人入天國也亦然。約3 8

十九節 **爾必語我云**，此問與十四節較，意同而言重，十四節不過詰 神行十一至十三節所言，“有不義乎，”在此則直控其不公矣。謂 神定旨剛愎法老而依之行，法老隨 神所欲，未嘗抵禦人既順從若此， 神何尚責人乎。“尚”有希奇意，若曰“豈有此理。”**孰逆其旨乎**，意謂據爾保羅所言，任何悖逆之子，皆不逆 神旨而隨 神所欲也。（節首有“如是”二字，乃從BDEFG官和亦然淺文無則從ℵAKLP俗拉敍多數教父，則去之可也。）

二十節 保羅覆此巧辯曰，**人乎爾爲誰反詰 神耶**。所以直斥其非者，因其人敢憑己見，斷定 神之作爲，如魔鬼在埃田惑夏娃者。誠如其說，則人之識見可超乎 神，宇宙間有處 神上者，而 神不爲 神矣。且其理亦不合也，法老等滅亡，非因剛愎，乃剛愎由於滅亡，而其滅亡則因甘心逆 神。本節雖不論人得救，擴而充之，世人有罪，非 神之責，故不能謂救人之法爲 神所必設，其設而選人得救者，恩也。**受造之物豈**謂**造之**者**云爾**

何若是造我乎。因與猶太人辯理，仍引舊約爲證。賽45 8—10 29 16 串珠 "受造之物" 原文 πλάσμα 非造也，範形之意，指原造之物歸諸何用，彼施範形之能者，自不依受者之指示，惟依一己絕對權衡也。

二十一節 陶人豈無權於泥由一團而造器，一爲尊一爲卑乎。謂 神若如此待遇無辜人或有言可發，但人皆如"泥"罪污遍體，神爲"陶人"取一團而潔之，造爲貴重之瓷器，尚必於他泥一視同仁乎。餘者不願受 神淘汰，反對 神之意旨，自作卑賤瓦缶，尚謂 神不公乎。摩西初蒙 神召，表示不欲，久而範形於 神，謙和蓋世。法老始終抗違，淪於刑戮，其過在誰，神乎，法老也。推而言之，世人有不得爲 神子民者，亦非 神直接使其剛愎，乃其甘心悖逆，不受訓練也。若謂 神恩施普世，必平等而均沾，曠觀五洲事實，自知大謬不然。若謂 神不當容人鼻祖陷於罪罟，則視人如機械，不合 神之原意。蓋人或天使無知事 神，神皆不欲，所欲者，自擇從違也。人擇惡道，能謂過在 神乎。

二十二節 本節至二十四節，按原文爲未言畢之語，故譯本實以"如是尚何言哉"六字，爲足成語句，加之亦可，但首句亦當加一雖字，邁爾之解作若 神雖欲彰其怒，示其能，意謂神之公義雖有令其彰怒示能之念，然以慈愛則令**以恆忍包容可怒之器，備以毀敗者。**本句前原文有一 δε 反字，謂"反以恆忍云云"則本節與上文之聯絡昭然矣。爾（猶太人）言 神不公乎，若思及 神雖欲罰所當罰，反久以恆忍包容過之，爾言之理安在哉。"可怒之器"不如作"當受怒之器"所謂"備以毀敗"非" 神所備"（譯用之解）亦非"人所備"（譯據香之解）蓋保羅於此不過言其顯然之式耳，如耶路撒冷釘主十字架，且害其徒，自作毀敗之器，主仍忍容約四十年。

（二十三節）謂 神恆忍包容之大，故**且欲示其豐富之榮於矜恤之器備以獲榮者。**原文無欲字，故且字頗覺費解，觀與上節之聯絡，及表目的之 ἵνα 字，則且字下當重"恆忍包容"句。（句略未完斯雖解矣）意謂猶太人雖當早受重刑， 神仍恆以忍之，且 神恆忍之，爲顯其榮於所選者。（見下節）保羅在此不能不思及本族弒主而害其徒， 神若依時加刑，已亦不能幸免也。

（二十四節）**此爲上節"矜恤之器"**之對解節，且連帶引入異邦因猶太自棄而蒙召之問題。（見下文）

二十五至二十六節 神召異族得生，以色列人不應惱煩，因先知何西約主前740年，已一再言之矣。我將稱非我民者爲我民，非蒙愛者爲蒙愛。何 2 23 原指北方十支派，將散居外邦，後爲主召復作其民，而十支派與異邦無別久矣，乃據大理而括異邦於內，不惟保羅如此言之，猶太拉比亦有如此解者。昔於某地語人曰爾非我民，將於斯地稱爲維生 神子。何 1 10 上節引自LXX，本節似祇引自希伯來經文，因有LXX所無之„於某地“三字，„某地“按希伯來文明指以色列地。在此既言異邦，則無論其人居於何方，前不爲 神之民者，在彼將爲其子，皆納於屬靈無限之教會也。

二十七至二十九節 以色列將見棄，亦有舊約爲證，非謂全額見棄，蓋有蒙恩者，„惟其遺留之餘“淺文卽此少數，亦幸„萬軍之主“保留，不然，„則我儕已如所多馬蛾摩拉“靡有子遺矣。由是言之， 神選人之旨，猶太人可嫌其不公乎，若只公無慈，其國早淪亡矣。

第二段 以色列見棄乃咎有應得 九章三十至十章二十一節

宗旨 保羅於上段已由 神爲君及其公義一方，討論以色列見棄，本段則由以色列有罪一方，再申明之，其理論可分二支。

第一支 以色列見棄爲自速其禍 9 30—10 13

第一層 以色列恃功無效 9 30—33

經文

三十 然則將何言耶。異邦人未趨義而得義，即由信之義也。三一 惟以色列人趨義之律而不及。三二 此何故耶。曰，不由於信而由於行。彼蹶於躓人之石，三三 如經云，我以躓人之石，礙人之磐，置於郇。信之者，必不啟羞也。

要義 以色列人趨義而不得者，不由 神依信之法 1 17 而恃己立功之法也。故彌賽亞來時，遂蹶於石而棄於 神，如先知所云。

解釋 三十至三十一節 然則將何言耶，乃詰前論如何終結。保羅直答之曰，一未趨（淺文曰追求）義（十六節）之異邦人有得義者，非謂皆得，因"異邦" ἔθνη 前無指件字，僅曰有得者耳。（腓3 3）卻△ δέ（弗即）所得者由信之義也。見卻字知保羅所以贅此句者，特向猶太人解異邦不按猶太之法趨義而得義之故，謂其得與爾所求不同性質之義也。二異邦已得義矣，△但（官和）以色列人趨義之律而不及。（文和惟字易啓人誤因不惟以色列人有不得者異邦人亦多有未得者）此節爲下文之題。（見三十二節首句）趨義之律而不及，較未趨而得，事若甚奇。"不及" 非如官和所贅原文所無之"

得不着律法的義，”乃如淺文„不得其法，“以色列所及者，律之字句所不及者，律之實
意，若得其實意，則・神恩可得而已，罪可赦矣，因律必引之就基督也。加 3 24
三十二節 **此何故耶** 問趨者何以不及，保羅曰，無他也，**不由於信**，卽不依　神之法趨之也。
世人得救由於　神謀，不依人爲，　神使人以信投靠其子得生，彼竟視爲愚笨，專恃儀文
禮節以爲門徑，南轅北轍，不及宜也。今基督教徒，雖不行以色列人故道，遵律受割，仍有從
其故智恃善行求入天城者，不亦同一不及乎。**乃如由於行**，淺文 文和遺 ὡς 如字，保羅所
以加此字者，因不欲人以行爲見義之法，謂不過如一法耳。**彼蹶於躓人之石。**„蹶“
非未見而失足之意，乃觸怒與冒犯之意。耶穌臨世，温柔卑微，大非猶太人所望，厭而怒之
一也。迨主被害十架，尤以爲礙屨，憎而時露冒犯二也。林前 1 23
三十三節 **如經云** 謂以色列將蹶，　神已早言及矣。賽 28 16 8 14 **信之者**，依原文„之“字
屬陽，上句之„磐“字屬陰，故之明指基督也。**必不啟羞也**，依希伯來文„勿庸急駛也。
“LXX譯爲„啓羞，“因急行避難，亦屢爲啓羞之據也。„石“字觀遮司聽瑪特耳書
及猶太拉比註解，皆以賽 8 14 28 16 詩 113 22 爲指基督，似猶太人已以石作彌賽亞之一

名。故保羅引用，使不信之猶太人知耶穌爲彌賽亞，彼得引用（彼前2 8）以慰信徒。神言不廢，保羅於十三節已畢其證，本節亦可爲一據，因反對者縱覽時局，適符 神之言也。

第二層　以色列不知律盡於基督（10 1—4）

經文（十章一）兄弟乎，我心所願而祈於 神者，俾以色列人得救也。（二）我爲之證，彼爲 神熱衷，但不依眞知。（三）蓋不識 神之義，而求立己之義，故不服 神之義也。（四）夫律盡於基督，致義夫諸信者。

要義上層可爲本章題旨，本層保羅先表關切同族之心，後詳（9 31—32）之意。

解釋（十章一節）本股每章首節，意頗類同，皆保羅錄其憐愛之心，絕非含怒之念。兄弟乎，非對同族猶太人言，乃對羅馬信衆所語，保羅恆用此稱，藉以引入重要之詞。我心所願，,,願‘‘字原文與腓1 15譯作,,善意‘‘之字同，喜悅之意，所以表心內常情。祈於神者，俾以色列人得救也。由此可知雖當時以色列見棄，保羅仍未失望，使失望者，卽不爲其如是求矣。

（註二）蓋（淺文）保羅言所以爲彼憂懼者，蓋我爲之證彼爲 神熱衷，如非羅 Philo 云，,,吾儕寧死，亦不忍國俗之小者廢也。"但人之熱誠，未必心出於正，亦不足爲 神嘉納，何也，因不依眞知焉。"知" 非尋常知識，γνῶσις 乃上乘完備知識。ἐπίγνωσις 多用以指人之知 神，亦卽人知識之至高者也。1 28 3 20

三節 蓋 申明猶太人所以無眞知，一不識 神之義。"神之義"卽 神在基督所備之義。二求立己之義，其熱衷皆歸於此不能立之義，故自閉其目，"不服 神"完美易得之義也。謂猶太人無知，非謂其耳未之聞，亦非謂其心不清晰，蓋依主稱義之理，猶太人嘗聞而知之矣，乃知如未知，何哉。今日教外哲士，自詡其智，於所知之聖道，竟悉其不足信賴，殆與猶太人同爲一丘之貉歟。

四節 此節爲本支之主腦。蓋 γάρ 非夫 非解上節末句明言之故，乃謂猶太人所以不嘗泥守禮節以趨義也。上節保羅並提趨義二法，一卽 9 32 神所立由信之法，二卽猶太人所從由律之法。其二人本未能盡其內義，而基督來世，其法已結，蓋律盡於基督，卽基督爲律之盡，如死爲生之盡也。非謂基督廢是非之律，乃廢指己之禮節，不第廢禮節等外式，凡人所恃立功以得救者皆廢之，而是非之律雖仍爲吾儕爲人之綱紀，然不可恃以稱義也。觀義夫諸信者，知律非指摩西所立，乃指人所恃一切得救之例，因"凡和官信者"未嘗皆縛於摩西律法也。"盡"非指耶穌成全預表，因原文之盡字 τέλος 非 τελείωσις 之謂也。亦非摩西律法目的達到之意。加 3 24 使有此意，如提前 1 5，則律指摩西之律，而與凡信者之意相逆。原文為單數字，非多數字，故宜從官和並淺文易諸字為凡字，則為"致義歸於凡信者"，謂無論猶太異邦，凡只恃基督而無他恃者，神之義必歸之也。見 1 17 大畧

第三層　由信之法白賜易得非如由律之法之難 10 5—13

經文　[五]摩西書云，行律之義者，則因之而生。[六]但由信之義則曰，爾勿意謂誰升於天，即言攜基督而下也。[七]誰下於淵，即言攜基督自死而上也。然則何謂耶，曰道在邇，在汝口，在汝心。即由信之道，我儕所宣也。[九]若爾以口認耶穌為主，心信神自死起之，則得救。[十]蓋人心信以致義，口認以致救。[十一]經云，凡信之者不啟羞。[十二]夫猶太人，希利尼人，無所區別，咸共一主，其豐恩及於凡籲之者。[十三]故曰籲主名者，悉得救也。

要義 基督爲律之盡，較昔稱義二法，（問言守律）尤可明顯，蓋（淺文）基督爲眞律也。

解釋 （五節）蓋摩西書云人行由律法之義者必因之而生。（淺文 利 18 5）“行律之義，”“由之而生，”必也，顧行之者誰乎。在此所重者，行也，難事也。上股屢提行律之難，茲故不復討論。

（六至八節）五節言行律維艱，有如升於天下於淵而攜基督來者，但依信之法，言近事易，履道坦坦，勿須吾人積功之工，只依甘心救我之主，神之義卽可得矣，此六至八節之大旨也。深維保羅引申 30 12—14，不適符其原意，故不曰經云，而直引爲本有之理。六節所引摩西之言，原爲表彰律法內義之易易，保羅用以表彰彼等由律之法，視我福音，則難乎其難矣。“卽言攜基督而下。”摩西謂勿庸升天攜律而下，因律已在人間，如是更勿須升天攜基督而下，爲人稱義之源，因基督業已降凡，寄跡人間，信仰尚爲難乎。保羅六節既僅藉舊約之詞調，未引之爲經文，故七節不順希伯來文曰“渡海，”而曰“下於淵。”意謂耶穌雖死，然人勿須“攜基督自死而上，”蓋基督業已復生，信之依之難於何有。或謂保羅既不引舊約爲經，何以與之同詞調乎，曰，事實類同故也。猶太人既信摩西論律之言，亦當信保羅論基督類同之言，以律所預表者基督耳，則在無成見者聞之，有如引證，而反對者亦不能控以誤引聖經也。八節末二句，文和官和遠遜淺文，以彼二譯所譯爲"道"之原文 ῥῆμα，非常譯爲道之 λόγος 字。**即此信之言我儕所宣者也。**（淺文）"此信之言"即論由信得義之信之消息。"我儕所宣"言由信之法所以易得，因其消息爲信徒所徧傳者也。（十四節）

（九節）首字當爲**即**，ὅτι 乃明論信消息之範圍，有要件二焉，一**以口認耶穌爲主**。耶穌既爲六節所言之基督，認其爲主，即認之爲當降生之彌賽亞。二**心信　神自死起之**。信主復生，即信其勝死亡之權，使吾人得生者。心信口認，二者相需相依，不可有一或缺。人心之信，必足以令其口認，始爲稱義之信，因不口認之信，心膽怯之信心也。若夫無信而承認者，自欺耳，假冒耳。本節順摩西之言，言此道何如其近，不惟"在汝口"，亦"在汝心"。

（十節）**蓋人以心信致得義，以口認致得救也。**（淺文）非證上節之言，乃解心信口認之意，人若信仰復生之主，基督之義歸之，即在　神前爲有義之人。且進而在人前以行爲認耶穌爲主，即終作得救之輩矣，試以經證之。（見下節）

（十一節）**因**（見原文及英譯）**經云凡信之者不致羞。**所引之經，賽 28 16 匪僅作依信得救之證，保羅為重其意，特加一"凡"字，謂凡人，無論何族，"信之者，必不至於羞愧。"（淺文）人生斯世有所行作，所依之法有誤，終必貽羞人前，況與猶太同類者，蔑棄正途，迷信一不能救人之術，屆審判時，啓羞尚可言乎。此普通之理也，不第論及猶太，亦含括異邦。（見下節首字英譯For因也）

十二節 因（非夫）猶太人希利尼人無所區別。世人本皆有罪，（3 22 23）悉在 神怒之下，如是赦罪之道，亦卽不分族類，蓋皆共一主。（淺文）此 神一例遇人之故，亦上節可加凡字之故。至凡信者（爾猶太人不出此類）所以不啓羞之原因，乃在主之性質，富及於凡籲之者。（淺文）其富維何，在此未嘗言及，閱弗（1 3 7）可知其詳。"凡籲之者"舊約時代，人敬何 神，卽稱其人為籲之者，故以色列別為籲耶和華者，或籲耶和華名者。由是新約時代，敬基督者，亦有其特別稱謂矣。（林前1 2）

十三節 此上節末句之證也，蓋曰凡籲主名者必得救也。（淺文）文和以γάρ作"故"，不第誤其意，亦誤本節與十節之聯法，保羅在此非謂約珥所以有此言，（珥2 32）乃令猶太人知其所言之理，有舊約為證，並明告伊等，欲得救者，舍此無他。

第二支 以色列人不信不能諉為聽受無機（10 14—21）

經文 十四然未嘗信之，何由籲之．未嘗聞之，何由信之．未有宣者，何由聞之．十五未
有遺者，何由宣之．如經云，報諸善之嘉音者，其步履美何如耶．十六然非皆聽受嘉
音，以賽亞云，主，我所宣者，誰信之乎．十七是信由於聞，而聞由於基督之道也．十八我則
曰，彼豈未聞乎．誠聞之矣．經云，其聲偏宇內，其言至地極．十九我又曰，以色列民豈
未知乎．昔摩西云，我將以異族發爾憤，且將以蚩氓觸爾怒，二十以賽亞毅然而言
曰，未求我者，我與之遇，未詢我者，我爲之見．二十一惟指以色列民，則曰，我終日舉手，
招悖逆有違言之民矣。

要義 以色列人不信，非因其莫之知，　神授權於使者，成立足令世人相信之團體，已宣福音聲偏宇內，無地未之或聞。14—18　亦非因不明曉，以色列族先知早示警戒，謂將藉其悖逆而棄　神之救法。19—21

註一 本層之難解，在未悉十四，十五節，及所引以賽亞之言有何正用。註解家有從喀勒分者，謂保羅作異邦使徒，特加此層以證傳道異邦之理，當而其所以加此，則憑十三節之凡字．但九至十一章非論對異族傳道之本分，乃解以色列見棄之原由，喀氏之說恐不通

也。〇天主教註解，（安立甘會有從之者）謂保羅之加此層，爲證教會當有　神授權之職任，由使徒傳至後世，但悉究本股毫無是意，保羅前後理論亦無需是意，何必多此題外之語乎。〇盈搜吞嘗謂十章上已顯猶太人未領　神稱義之法．若伊等有所不知，其過亦在己而不在　神，此保羅十章下特證其罪辜之所在也．因三節言，，不識　神之義“乃其故意不識，十三節已言凡籲主名者悉必得救，是以十四，十五節，先以文法顯猶太人如何得籲主名之知識，繼以十六節以下之言，謂其有得此識之機，末由推諉。此說與本股大旨適合，故可是而從之。

註一　本層文法，波折層出，言簡意賅，理多引自舊約，未加詮解，而引文與本股之聯關不易明了，故註解家各是其是，莫闚底蘊。夫猶太人謬見多多，保羅引經据典，詳辯長駁，至此不欲多耗時光，乃將反對者可據之理合槃提出，遂提遂答。一福音未傳，何由信之．答曰，何謂無傳，以賽亞已預言矣。14—15 二傳之不足，人未皆受，何獨尤不受者乎．答曰，不受非不傳之據也，以賽亞早言其不受矣。16—17 三傳之而猶太人未之聞也．答曰，奚謂未聞，詩不云乎，福音無不傳之地也。18 四 其聞而未洞悉歟．答曰，否否，彼不識眞道之異族，尙明辨

而篤信之，況於猶太人乎，其不信者，殆甘爲悖逆違言之民也。19—21

解釋 十四至十五節 三德論本層文法，以此爲保羅逆及反對之言而言，顧其解此，則以爲保羅一己逐步之推論，自相水火，不可適從，莫如一說貫通，以爲有反對者連續發問，層層駁議。反對者所言誠是，然以賽亞謂有"奉遣者"（淺文）人已聞其所宣，信而籲主，孰謂不當，蓋賽52 7，實指傳福音者步履何如其美，所引大要原指傳回國之嘉音，而猶太衆拉比亦解爲宣彌賽亞來世之好音，此預言之有雙意者也。

十六節 人不"聽受嘉音"，非其未聞之據，以賽亞已言報嘉音者步履佳美，可見必有報者。未幾又云，我所宣者誰信之乎。"誰"若無其人之意，非謂絕無一人，乃相較而極言其少也。獨太人虜於巴比侖返國者與未返者較，不爲不寡，而在新約時代，以色列聽受福音者，亦爲數寥寥，然皆不足證福音未廣傳也。

十七節 此節如括於弧，由是字而知其理乃推自上二節之比較，十五節指福音廣傳，即論"基督之言"（淺文淆忍也）（ῥῆμα 非 λόγος）由十六節知"信由於聞"。此言與宣爲信者必需客觀之底址，而猶太人或有可假以推諉之隙，如下節所云。

十八節　夫言與宣洵爲信所必需有之則以色列人當信矣．保羅控其不信，彼豈未聞乎．答之曰，誠聞之矣。此隱諷之語也，福音廣傳，論猶太人，誠如詩 19 4 所云，„其聲徧宇內，其言至地極"在此未加蓋字，可知保羅非引爲證，乃以爲喻言穹蒼列宿，無不爲　神作證，如是凡猶太人所在之處，福音亦傳至其處也。

十九節　以色列民豈未知乎．見下二節答詞，知以色列人所未知者，乃已將不信異邦將蒙恩也．其未之知，只自怨耳，蓋聖經早言及矣。一　昔摩西云我將以異族發爾憤且將以蚩氓觸爾怒。見其下二節　此摩西於以色列將成國時，預言其在新約時代之情形．至是猶太人果怒異邦進教，帖前 2 15—16 有如摩西之言，然　神使„非民"淺文　佔以色列地位，而以色列不能以未知自諉，因佔其位者，原爲„蚩氓"。伊今悉　神救人之旨，猶太人仍以　神民自視，惟己洞達稱義之理，2 18—20 由是而憤恨也。官和

二十至二十一節　以賽亞對於雙方皆„毅然而言"之二十節言異邦，若觀哥尼流等如何得道，誠如所云。二十一節言猶太適得其反，彼等未荷嘉納，非　神故意棄絕，其得他人未得由天之恩詔，竟甘心„悖逆"而„反脣"淺文　棄於„終日舉手招呼"官和　之主，是誰之過歟。

惟由"民"字知猶有望焉。見下段

第三段 以色列不盡見棄亦非永久見棄 神之棄之爲救他人 十一章全

宗旨 由九章六至二十九節知 神若未選以色列衆人，非背其許，且 神爲自由，不選亦無不可。由九章三十至十章底知 神無所負之債，以色列之不見選，乃自作其孽，甘願不依 神之救法。熟復二章理論趨勢，似論大局 神棄舊民與昔北十支派類同，但依神旨，彼等非盡見棄也，1—10 其見棄亦非永久，乃爲異邦之益，11—24 後必蒙恩全族得救。25—32 凡此悉爲 神之目的，吾人莫能測度。33—36

第一支 以色列不盡見棄 11 1—10

經文 十一章 一 然則 神棄其民乎，非也。蓋我亦以色列人，亞伯拉罕之裔，便雅憫之支。二 神未棄其所預知之民。爾豈不知經指以利亞所云，其籲 神而訟以色列人曰，三 主，彼曾殺爾先知，剷爾祭壇，獨我存焉，又欲索我命矣。四 神何以應之曰，我爲己遺七千人，未嘗屈膝巴勒者。五 於今亦然，猶有遺餘，依恩而選者。六既以恩，則不復以行，否則恩不復爲恩矣。七然則何耶，以色列所求未得，惟蒙選者得之，餘則頑耳。八如經云，神賦之以昏昧之心，目不見，耳不聞，至於今日。九大衛曰，令其筵爲絆，爲檻，爲礙，爲報。十其目矇而不見，其背終於傴僂。

要義 以利亞時，有不歸巴勒之遺餘，如是保羅時代，亦有遺餘依恩而蒙選。2—5 其蒙選也非由於行，彼未選者皆頑耳。6—10

解釋 十一章一節 **然則 神棄其民乎。** 觀原文文法，知將答之以非，以色列本爲選民，必不至全數見棄，且所借用之言，乃 神三許不棄其民之語。申31 6 撒上12 22 王上6 13 **非也** 反對至甚之詞。見解3 4 **蓋我亦以色列人云云。** 註解家多依„蓋“字作神未棄其民之據，但首句答詞在於二節，其據在於五節，況保羅機智之人也，何獨列一己，不言司提反雅各彼得約翰等有名之徒以爲憑乎。竊謂保羅欲使讀者思及己„亦以色列人“且有同族之情誼，故贅是言也。

二節 **神未棄其所預知之民，** 乃重上節問言，重其相反之意。„所預知之民“民字上三漢譯皆遺其字，若譯作„神未棄其民，卽所預知之民“則得其眞。„預知“之意，見

八章二十九節解，神預知之，爲以色列較他國（3 1 9 4）所得之一優點．神於普
世，雖於其中有所預知之人，然論全國，則除以色列外，無他所預知者。豈不知經載以
利亞如何淺文 ,,載以利亞“指論以利亞之篇．舊約原不分章節，爲便引用，每分段落，各
段以其要人要事名之，而可 12 26 譯文，可作此處標程。譯作 ,,豈“之ㄎㄞ字，或之意也意
謂爾必承認上言，爲神對待本族之法，否則 ,,爾或不知“以利亞篇論此事之實義。
三至四節 以利亞避難何烈山時，王上 19 10 14 18 對神訟以色列人舉國背道．神應而
正之曰，我爲己遺七千人未嘗屈膝巴勒者。當時以色列人雖若離神，神亦離於
神，但不如是者仍有七千，不能謂以色列爲神所棄，因彼七千人乃神 ,,爲己“遺者。
五節 於今亦然 意謂彼時遺餘，爲以色列不見棄之據，如是，今日猶有遺餘信耶穌者，亦
證神不棄其民。依恩而選者，言此遺餘所以不隨流而頑者，因神施恩而選之，9 15
如以利亞時，彼七千人所以未屈膝巴勒者，神爲己遺之也。
六節 申明上節，使本族深思其意，恩行二法，冰炭不投，既出於恩，即不在行，官和 明見遺餘
得救，不在猶太人所恃立功或 ,,以行“之法，不然恩即不爲恩矣．官和 其得救也，必

神有所負於彼等矣，有是理乎。“不復”按原文非依時言昔有以行者，乃理論有進步之詞，二文譯未得眞指，官和較優，故從之。

七節　**然則何耶**　此引入由上所推之要旨。若論全體**以色列所求未得**，言未得所求之義，惟有一分**蒙選者得之**，非言遺餘得之，亦非言選者 ἐκλεκτοί 得之，乃言見選 ἐκλογή 得之，因保羅在此重法不重人也。（非如官和作蒙揀選的人）**餘則頑耳**　未得非由於頑，乃頑由於未得，如1 24人已背　神有罪，　神卽以任作罰。至其不得誰爲爲之，其心頑誰令致之，本節未嘗明言，但閱九章，知　神爲君而未選之，閱十章，知彼等亦不依　神之法，故遭遇有如是者。

八節　**如經云**　見“如”字知保羅不引爲證，乃令衆知　神所行，今昔一理。昔以色列不信，因而　**神賦之以昏昧之心，目不見，耳不聞，至於今日**。此　神示先知之言也，言自立國至以賽亞時，以色列人狀況。保羅引以表自以賽亞至新約時代亦然。參徒7 51，可知“其餘則頑”淺文乃　神於悖逆者遇以公理。“昏昧之心”賽29 10言心思愚蠢無似，無術激之振奮，遂視而不見，聽而不聞，以色列自始泥於成見，“恆逆聖靈”　神卽還以屬靈之昏昧，罰其頑梗之心，不惟猶太爲然，他國亦然也。

九至十節大衛時亦有敵　神之輩，故其所樂之 „筵" 變而 „爲絆爲檻爲礙" 由是猶太人所樂而依之律，亦變爲陷害之絆之檻之礙，使其傾跌，如賽跑者不得至得勝門焉。爲報言猶太人既立志惟律是依，　神卽以其所依而報之，徒 15 10 使其背終於傴僂。律如重負，傴僂其背，猶是以其所依爲其刑罰之意。譯作 „終" 之原文 διὰ παντός 非永久之意，乃無間之意，若屬永久，則以色列之情况，不必復加討論，然觀 25—27，知非永久見棄，故淺文之 „常" 字爲近。

第二支　以色列見棄非永久亦爲異邦之益 11 11—24

經文 [十一]然則彼蹶至於傾陷乎。非也。乃以其過犯而拯及異邦，致發其憤也。[十二]若彼之過犯，爲斯世之富，有彼之空乏，爲異邦之豐盈，其盛不更愈乎。[十三]我言此示爾異邦人者，因我爲異邦之使徒，故榮我職耳。[十四]庶可發我骨肉之憤，而救其數人。[十五]若彼之見棄，爲斯世復和於　神，則其見納也，豈非自死而生乎。[十六]夫初薦之麪聖，其團亦聖。樹之根聖，其枝亦聖。[十七]若數枝見折，爾素爲野欖者得接於其中，共與於橄欖之根與腴，(十八)則勿對枝自詡，若然，當思非爾承根，乃根承爾。(十九)爾將云，枝見折矣，俾我得接焉。(二十)曰，然，彼以不信見折，爾以信得存，志勿高，惟懼耳。(二一)神且不惜原枝，亦必不惜爾也。(二二)試觀　神之慈與嚴，於傾者則嚴，於爾則慈，惟宜恆於其慈，否則亦必見斫矣。(二三)彼若不終於不信，亦必見接，蓋　神能復接之也。(二四)爾見斫於順性之野欖，而逆性見接於嘉欖，况斯順性之枝，復見接於本欖乎。

要義　以色列弗盡見棄，亦非至終見棄，其見棄之結局乃使教會與於異邦．異邦得救，終必致以色列發憤而歸主，其歸也益及世界，有如自死而生。11―15　至其將歸眞道之可信，則在其聖根，卽其屬　神1　7之根，　神既逆性使異邦見接，何不能順性使以色列復原之有。16―24

第一層　以色列之過犯及見納益及異邦　11　11―15

解釋　十一節　上支已答一節首句之問，由遺餘得救，知　神未棄其民．不第此也，卽見棄者（指其後世）亦將信而歸主。或有見其心頑，以爲終於無望者，曰，**然則彼蹶至於傾陷乎．**見三漢譯，知此句之難解，在譯作"至於"之 ἵνα 字，官和隨英譯作"是要"，淺文作„致“他處希文以外聖經常用此字以表目的，而英譯從之，卽問„彼蹶特爲使之傾陷乎“此豈 神之存心也哉。非也見3 4知表„斷乎不然“之意。乃以其過犯而拯及異邦，致發其憤也。„過犯“猶太人不信福音也，孰意嘉果結於異邦，蓋初傳福音者，充盈靈感，必於宣揚．徒4 20猶太人既不聽受，遂轉向異邦而拯及之。徒11 20 13 46 47 „致發其憤“猶太頑梗不化，流離萬方，迨視淸因己之頑使異邦得己未得之益時，必回首追究前所藐視之救恩，求於己所塞流遍天下之生命活水中滌除不潔。

十二節 彼之過犯 „過犯“本節與上節英譯皆爲„傾跌“於道傾跌也，謂非平常過犯，乃傾跌之過犯也。爲斯世之富有，„富有“非謂地大權高，教化文明，金銀豐盈，乃得聞福音大道而接受之也。彼之空乏 „空乏“淺文官和皆作„缺乏“亦有譯爲敗落者，第視末句盛字（官和作豐滿）顯有數目之意，可知空乏去原意遠，缺乏較近，因見五節，雖有遺餘依恩見選，但較以色列前日屬 神數目，太形„減少“。譯作減少適合原意 其盛不更愈乎。„盛“原文 πλήρωμα 意義爲何，議論紛紜，見弗1 23解，知爲成全數之餘數之意。見25解 本節義邃理奧，詳解頗覺爲難，惟其大意則顯而易知，謂從以色列少數熱心循道之士，尚有此等效力及其大數歸主，竭誠傳播者必更多，而效力必尤大也。

十三至十四節 羅馬教衆多屬異邦，或有以爲上所論列只關猶太無涉己身者，故保羅加此二節，使知我言此示爾異邦人者，與爾關係至大也。因我爲異邦之使徒，故榮我職耳。猶太歸主，既將大益異邦，如十二節所言，則我保羅爲本族奮勉，非屬分外，乃榮我作異邦使徒之職耳。庶可發我骨肉之憤，而救其數人，謂無論彼等如何，（見原文及英譯）我仍奮勉，因卽"救其數人"亦使猶太之豐滿，促進"異邦之豐盈"。

十五節 上二節言保羅爲本族奮勉，救其數人，何以必如此乎，因（見原文與英譯）彼之見棄，若爲世之復和，則彼之見納，豈非由死者而生乎。（淺文）本節與十二節大意略同，言語較重，因十二節僅言猶太之盛，將大益於異邦，卻未言其益若何，"由死者而生"難解之句也，觀本節上知較"復和"爲益尤大，不然則無階升之意。邁爾三德及古今多數註解，謂當順其字面，卽猶太人回轉後，則世人大復活之日至矣。亦有解爲喻言者，如結37:3 路15:24 32，指福音徧傳，教會靈性發達，榮美無似。據李德泐言，後說較優，一聖經他處，未言繼猶太回轉而有大日復活，不可獨憑一節立此定解。二聖經他處，雖屢提大日復活，卻未稱爲,,由死者而生“ ζωὴ ἐκ νεκρῶν 三使有此意,原文生字之前,當有指件字 Definite article 指爲一定常提之事。以爲喻言,則謂猶太見棄,尙使天下得救世大道,彼等見納,豈不更使教會自蘇而痞,弗 5 14 變爲活潑聖潔滿有靈氣者乎。

第二層　警告異邦 11 16—24

十六節 異邦信徒,常目以色列爲舊派,若有輕藐之意,但當知其不可蔑視也,因 初薦之麪聖其團亦聖。,,聖“ 屬 神之謂也,依民 15 20,若自初熟之麥之麵牒,備一餅以薦神,則全團屬 神而爲聖,因所取之一握,未定其在團之何所也。如是自以色列麵團,取亞伯拉罕以撒雅各數握爲初熟之聖麵,其團不亦聖乎。樹之根聖,其枝亦聖。本節上以麵爲喻,係依律所用之表物,意爲人所已悉,特其喻難於推擴,故本節下易之以樹,以爲 17—24 題旨。,,根“ 指亞伯拉罕爲以色列國之父,又爲首蒙許者. ,,枝“ 指其蒙許之裔,雖多見折不得所許之福,然其許仍存,終必歸以色列焉。此喻既爲以下八節題旨,必留意所喻,以免失其全意。一所論之根,非人賴以得救之根,因其根基督也,在此唯指亞伯拉罕。二在此非論結果之意,若所指爲結果,則不合於事實,因果隨所接之枝,不隨根也。三亦非論教會自亞伯拉罕至今永久之聯續，因所謂之枝，非由根而生，乃由外而接。四所表明者，九章四節之意也。猶太人既爲亞伯拉罕苗裔，本有所長，只以不與乃祖同心者多，未獲所許之福，但神應許依然存在，因所許諸福賜與亞伯拉罕及其子孫，他人則接於亞伯拉罕之根之上，有所依賴而得之也。

十七節　**若數枝見折，**按原文爲"但數枝若見折，"意謂彼雖爲枝，但今見折。"若"字並轄下節，十七十八當併爲一節 所以禁異邦信徒見他人見折，己身見接，而萌自詡之念也。夫論猶太一國，見折者非數枝也，多枝也，然較普世教會則不爲多，而羅馬教會所見見折者尤罕。**爾素爲野欖者，**爾之爲枝也，本屬未蒙應許之樹，弗 2 12 無何可取，奚爲自詡乎。**得接於其中，共與於橄欖之根與腴，**言蒙恩召入於亞伯拉罕之家，得爲其子。加 4 28 "之根與腴"此譯乃隨 A 與較晚之古卷，官和則隨上等至早之古卷，不作與而作之，謂得亞伯拉罕因許而得之腴。"腴"救恩也，"根"指 神予亞伯拉罕救恩之約，而亞伯拉罕爲約父也。

十八節　理承上節，言異邦信徒，**勿對枝自詡。**"枝"以色列族也，無論見折者與未見折者，

爾勿對之自詡．每萌夸大心意，當思爾不過爲見接之枝，非爾承而養根，乃根（見上節解）承而養
爾，使爾自詡，消滅於不知覺間也。
十九節 **爾將云** 乃保羅逆料異邦門徒將自十七節有所推之言云，我等價值，較彼爲高，否
則彼何見折，俾我得接乎，向彼誇口，蓋有故焉。
二十節 **然** 彼見折，爾見接，然也．但自詡之先，亦思彼何以見折，爾何以見接乎，彼以不信基
督之功，欲恃律自稱爲義而見折，爾以信主功不恃己行而得存，誠哉是也。顧如此自詡，重
視一己而忘賴恩得救，較彼之罪間不容髮，故志**勿高惟懼耳．**乃信徒世世銘心鏤骨之
言也。蓋（見後文下節）
二十一節 **神且不惜原枝亦必不惜爾也。** 言異邦門徒"勿高惟懼"之故，原枝且因
不信而見折，況由外而接者乎。
二十二節 **試觀** 神之慈與嚴，（觀英譯 then 原文 οὖν，）知本節之訓由上文推得． 神有慈亦
有嚴，**於傾者則嚴於爾則慈。**（原文"神之慈"爲"慈"）人若單恃行律之義，自取傾跌，至公之 神
必以律之嚴，施以當受之刑．爾恃律外之義，（3 21）恒居於其慈悲， 神亦必施以慈． 否

謂爾若自詡，不依主功，則亦必見斫矣。"見斫"語意較見折尤重，猶太人雖見折，仍有
復接之望，因以國論，仍有　神之許，但外族若悖逆見斫，則無此望，因無猶太人所有於
神之諸許也。
二十三節 首二句順原文，當作"且彼亦若不恆居於不信，將見接，"淺文 意謂不第爾見接，彼亦
將見接，觀本節上知彼所以不見接，由於不信，觀本節下知此不信之心，乃　神任以色列
自負其咎，蓋　神能復接之也。卽能去以色列不信之心，迨　神不可測之旨成時，二十五節
彼將歸主，而悉前所未悉。林後3 16 彼將歸主自古常有同轉者爲其預兆
二十四節 蓋淺文非作　神有此能之據，因　神之能不言而喻，亦非作　神行此較接野枝爲易
之據，因接此接彼，在　神無分難易，乃指明　神將原屬以色列者，復接於本欖，較接性質
不同者，更爲自然也。譬之華人出洋，後歸故里復入民籍，較巴西人來華入籍，不尤自然乎。
如此使野欖逆性接於本欖，因爲　神所能行，而使原爲順性之枝，復歸本根，不亦尤自然
乎。○至　保羅已畢其儆戒異邦勿高惟懼之言，按肉體論，異邦本屬約外，茲逆其敬羣神
之性，接於亞伯拉罕之嘉欖，若　神任以色列順其妄想而見折，而謂不可任異邦自高之

罪而斫之哉。猶太人仍當有望，因多年見折，依然敬畏眞宰，俟其恍然大悟，歸依亞伯拉罕之主，洵順性而自然者也。

第三支 二族蒙恩之奧祕 11 25—32

經文 二五兄弟乎，我不欲爾不知斯奧，恐爾自以爲智，卽以色列間有頑者，以待異邦人之盈數歸入焉。二六如是以色列全族悉得救也，如經云，將有救者自郇而出，革雅各之不虔。二七又曰，我除厥罪時，與彼所約者如此。二八以福音言，彼因爾而爲敵，以選擇言，因列祖而見愛。二九蓋 神之賜與召無悔也。三十昔爾不順 神，今因彼之不順而蒙矜恤，三一如是，彼今不順，緣施爾之矜恤，亦蒙矜恤焉。三二蓋 神藩萬人於不順之中，乃爲矜恤萬人耳。

要義 神先藉以色列之不信，使異邦聽受福音，後藉異邦發達之信仰，使以色列熱心歸主，如是二族皆蒙恩矣。其中默默安排，誰得而識諸。

解釋 二十五節 救人大道，保羅已以理證明矣，今則以啓示申之，如論復活之理，理盡而贊以啓示者。林前15 51 蓋我不欲兄弟爾不知斯奧。"兄弟"此保羅將提要義常用之語也。1　13　林前10　1　12　1　林後1　8　帖前4　13　„蓋“字三漢譯皆遺之，原文與英譯有之，乃解以色列所以不永見棄。„奧“ μυστήριον 當時羣神教中，常用以論隱密情事，保羅則用以指人前所不達，今　神所顯之事，16　25　弗3　3　4　林前2　7　時論基督降生，提前3　16　時論基督被釘，林前2　1　8　時論萬有統於基督，弗1　9　10　亦特用以指納異邦於天國，弗3　3　4　西1　26　27　在此則指　神合二族於一救法。恐爾自以爲智，防異邦虛妄思想，自以爲得猶太人未明聖經而失之福，乃由於己之大智，非也，爾之得之，因彼當時不信作爾得道機緣，非因爾有出人頭地之智也。卽以色列間有頑者，由„間“字知保羅理論較有進詣，以色列之頑，非永有，乃間有，無官和議分之意　論其時間也，非論其人數也。末句言此間至何時止，以待異邦人之盈數歸入焉。„盈數“ πλήρωμα “淺文“盈”也” 註解意見紛歧，有指將得救之異邦人已得救者，不知誠如此解，十二節將何以釋。有指補滿猶太人之缺率者，不知果如所云，異邦得救者寡矣，恐與教會時局不合。有謂無非指多數異邦人者。卽在神旨中之盈數見弗1　23解　觀基督教之發展，此解頗覺可從，言異邦衆民雖不皆歸主，縱覽大勢，卻將歸主，此後猶太回轉，必大助教會擴張。保羅本節末論其

細微，言猶太人復歸故鄉否，耶路撒冷重建否，不過言以色列將心頑，”以待列邦之盛入
“淺文如主於路21 24言”耶路撒冷爲異邦蹂躪，迨異邦之期滿“”入“字新約常用
以指入天國或入永生，太7 21 18 8串珠故不言所入者何，人亦莫不洞悉，如太7 13
23 14 路13 24是。
二十六至二十七節 如是以色列全族悉得救也。”悉“非言以色列人人得救，乃言以色列族
或國，將作信主之族與國．見棄時，舉國爲”悖逆有違言之民，“10 21 仍有熱誠信徒，故
見納時，亦必一國歸主，未必無人不然。保羅引賽59 20 21 27 9相合之詞，根據舊約而
爲此預言，謂將革雅各之不虔。”雅各“此名，聖經未用以指屬靈之以色列，可知所論
者， 神古之選民也。二十七節引耶31 31—34，與二十六節爲意不同，二十六節論國或族，
二十七節則論個人，按邁爾云此論除其罪時，而此除罪，自 神一方言之，乃成其約所許。
二十八節 本節爲十一至二十四節理論之總綱。以福音言，本節二以字當順淺文作使卽依 神使世人
得福音之序。彼因爾而爲敵，謂 神暫視彼若仇， 神何以如此視彼，乃”因爾，“爲使
爾得福音也。保羅初欲佈道猶太，雅不欲宣諸異邦，迨主切命遠適，始去而之他，徒22 17—21

保羅猶然，况他人乎。惟猶太人之不信，非主迫其不信也，藉使初傳者轉向異邦耳。徒13 46

18 6 **以選擇言因列祖而見愛**，與首二句意適相反，以字上按原文 δὲ 英文 but 卻
也，謂因爾　神雖視彼爲敵，卻因列祖　神仍愛之也。所謂"因列祖而見愛"者，非言其
因爲亞伯拉罕以撒雅各子孫，路3 8 無論信否，　神將救之，乃言因列祖見選，　神不
能任其永居不信，必依賜彼特恩之約而行焉。

二十九節 **蓋　神之賜與召無悔也**。　神不變之性質，爲以色列不永見棄之一磐石，"賜
"見9 4 5. "召"　神原召以色列爲其民。"悔"非懊悔過誤之意，乃改換意念之意，
非　神所爲也。

三十節 **蓋**淺文 非言以色列將得救之故，乃回至二十六節上，言以色列如何將蒙救恩，蓋 **如
爾昔不順　神，今因彼之不順，爾反得憐恤**，淺文 觀"爾"字知羅馬教衆多屬異邦，
由1 21—31 知昔亦不順，今　神藉猶太之不順，發憐憫使爾大蒙矜恤。

三十一節 **如是** 異邦猶太二族蒙恩不出一途，異邦蒙恩，由於猶太不順，猶太將蒙恩，反由於
施於異邦之矜恤。然異邦昔日不順，猶太今時不順，異邦今已蒙恩，猶太後將蒙恩，殊途同

歸，故保羅言 ,,如是云云。"

三十二節 本節彰顯 神治其國之一大理，故有註解以爲本書之極點。 蓋 神藩萬人於不順之中，乃爲矜恤萬人耳。謂 神所以任人不順也。觀 ,,藩" 字知非 神使人犯罪，乃 神施人以刑，此刑異於來世，仍有 神之矜恤。苟非藩人於不順之中，使知有罪無能得救，人卽永無投主之念。必人於罪至知己爲罪人， 神始開矜恤之門而援之以道。人若不識己爲罪人，卽 神施救提於天城，仍必自覺無誤，不識己爲賴恩得救之人，其結局將與原爲天使而干罪之撒但一也。 ,,萬人" 論國或族，非指個人，因上文一方論異邦，一方論猶太也。亦非謂將救萬人，不過言將向其顯矜恤耳，其人相信則得救，加3 22 不信亦無如之何。保羅在此所言大理，至今猶是也，外邦仍多數不順，以色列仍外乎基督， 神所藩者，多未透悉藩之之意，迨其洞曉世世見選者已知之事，在己在人無以自救， 神始大彰厥恩而矜恤之。

第四支 頌讚 11 33—36

經文 三三 淵淵乎， 神智慧知識之富有乎。其鞫何可測，其蹤何可追。三四 孰知主志，孰與參議，(三五)孰先予主，而得其報，(三六)蓋萬有本之，由之，歸之，宜尊榮之，永世靡暨。阿們。

要義 保羅思及 神挽回人心所彰之智知富有，不禁引喉高唱讚 神導萬邦得救之良策。

解釋 三十三節 **淵淵乎 神智慧知識之富有乎。** 依盈搜吞及近代多數註解，知識下"之"字宜歸 神下，因 神之智慧，知識，富有，皆深(淺文)而無底也。"智慧"言 神擇至佳之目的而成以至美之法。"知識"言 神參徹萬般義理之原知。"富有"言 神恩浩蕩無涯。10 12 弗 1 7 本節及下節高舉 神之智知而其富有則頌於末二節。**其鞫何可測其蹤何可追** 此人智所不及者，故以之爲愚。林前 2 14 "鞫"不第指其審判，乃 神依其智所有之規定，此智慧也人不可測。"蹤" 神行其判斷(淺文)所用之策，此知識也人不可追。

三十四節 **孰知主志，孰與參議，** 見譯文所遺之"蓋"字，知引 L X X 賽 40 13，爲上節末二句之證。天下蒼生，林林總總，知識足以知主志，智慧足以參主議者，誰乎，非主啓示，無其人也。

三十五節 **孰先予主而得其報** 伯41 11 此引舊約證 神富有。本節亦轄於上節所遺之蓋字，謂自古迄今， 神何所負於人，人亦何所予於 神，世人所蒙之救贖，及救贖之創立，無一不本於 神恩， 神既無須人之餽贈，何須有以報之乎。由太6 11 知人飲食之徵，亦來自 神也。

三十六節 **蓋** 言所以無先予主而後得其報者，蓋**萬有本之** 神，即萬有眞原，爲其創造主也。**由之**萬有存留，由於 神之持載，來1 3 保守宰治之也。**歸之**萬有皆成其旨而顯其榮，並人之罪亦歸榮於 神，是以人人"宜尊榮之，永世靡暨，阿們。"

第三股 聖徒善行 十二至十六章

提綱 上二股重道旨，本股重勸勉，勸聖徒著其善行，以感不勞而獲之救恩。內分三段，第一段公勸，總論聖徒善行。12—13 第二段特勸，論於教會治安有妨之問題。14 11 15 13 第三段保羅謀畫前途，請安，復勸及頌讚。15 14—16

第一段 總論聖徒善行 十二至十三章

宗旨 聖徒既蒙稱義大恩，脫離罪辜轄制，且得成聖助力，不復染於罪污，焉得不表感恩衷腸，盡其爲聖徒之義務哉。可分六支以申其義。一，善行大要。12 1—2 二，教會一身多體事 神之理。12 3—8 三，信徒彼此之對待。12 9—21 四，信徒服權之義務。13 1—7 五，信徒當以愛處世。13 8—10 六，信徒宜去暗就光。13 11—14

第一支　善行大要 12 1—2

經文 十二章 一 兄弟乎，緣此我以 神之憐憫，勸爾獻身爲生祭，聖而見悅於 神，乃爾當然之崇事也。二 勿同世態，惟以心之更新而變化，致驗 神旨乃善而可悅且純全者也。

要義 聖徒既有此不可測不可追救人之謀，上章 在於目前，自當以己爲聖潔生祭，獻於施救之 神。欲盡此義務，須勿同流合汙，常求內心更變，以 神旨爲標程。

解釋 十二章 一節 緣此我以 神之憐憫勸爾 參弗4 1 林前4 16 提前2 1，知此爲保羅施勸習用之導言。“緣此”雖承 11 30—36 之言，實本上二股之理，意謂聖徒既藉基督稱義，不復與 神爲敵，且蒙恩眷，與 神合爲一家，我勸爾行事爲人，合於此新位分，不亦宜乎。“以 神之憐憫”此人當獻己於 神，激心之大者也，神憐憫羣衆，11

32我當思由此憐憫所脫之苦所荷之恩，而獻身爲生祭聖而見悅於　神，言獻合於　神聖潔之祭也。„獻“字原論在聖殿內以物獻　神，無論爲事奉，爲禮物，爲祭祀皆用之，故論耶穌爲嬰兒獻於　神，路2 22信徒於基督獻於　神，西1 28亦皆用之．本書用於6 13，義與本節相若，特此加爲祭之意耳。其所以加此意者，似欲顯新約之祭與舊約之祭之區別．舊約所獻，其品非己也物也，其體非生也死也，屢見憎於　神，摩5 21 22不爲所悅，新約所獻，必須本身作祭，其獻也，雖只一次，實爲畢生。舊約祭品，必體無瑕，新約祭品，必心爲„聖而見悅於　神“。聖而見悅，當作一句，不當如官和析爲二句，因　神所悅者，信徒之聖也，帖前4 3其旨原如是也。弗5 2„身“字或單指軀體，對下節心字，或指全人，身心悉括於內，己淺文之謂也，由末句觀之，後解較勝．至保羅言身不言己者，因身字與獻祭之意尤合也。乃爾當然之崇事也．„當然“λογικὴν有理之意，故淺文之„合道“較近，如耶穌約4 23 24，謂　神爲靈，拜之者當以靈以誠，勿單以禮以文，此本節之眞諦也，與„理所當然“官和意念有殊。

二節 勿同世態，由約14 30加1 4弗2 2串珠，知„世態“者，今世之性質也，重私不

羅馬書釋義　　一百八十七

重公，榮已不榮　神，主撒但不主基督。”同“不如他譯作效△，尤爲適宜，不僅其原文有效之意，且保羅所禁於信徒者，效於世人常見之狀態也。惟以心之更新而變化心內更新，信徒變化之源也，淺文加志字不宜因νοῦς無志之意　觀此可知信徒所當防者，非第世俗已也，彼順斯世之心，尤當加意範圍。譯作”更新“之字，在新約惟見於此處及提3 5，而在提多則與重生相連，如物之有本末，重生爲本，悉屬聖靈所爲，人只聽其自然，更新乃人與靈同力合作，大工雖在聖靈，飄動字變化爲被動式可知已　然人之思想亦爲一份，蓋人存心若何，爲人自爾若何，箴28 7常思惡者爲惡人，常思善者爲善人，人固無不爲其思想所變化也，然則內心更新，非人離惡就善之源哉。得明　神之旨乃善見悅純全者也。淺文　在此淺文與茂法他英譯類同，遠勝文和與官和，然不如韋鼎之”由經歷而知　神之旨，即彼善美純全者也。“此人內心因更新而變化之效果，信徒由其經歷，可知何行何心與　神良善高尚純全之旨吻合。

第二支　教會一身多體事　神之理 12 3—8

經文　[三]我藉所賜之恩語於爾曹，自度勿越乎所當度，宜循理而度，依　神所賦各人之信量。[四]如身有百體，其用不一，[五]我衆在基督爲一身，互相爲體亦若是。[六]既依所賦之恩，受賜有別，或預言則依信量，[七]或役事則役事，或教誨則教誨，[八]或勸慰，則勸慰。濟者以誠，治者以勤，矜者以樂。

要義 神賜特恩隨人而殊，故人不可高度一己，驕心滋生，當知他人亦有所獲，合之而得各恩之適用，與身得各體之用同。3—5人受 神所賦之恩，即宜存心合於所受，而盡 神對於各人之委託。6—8

解釋 三節 上節言信徒心當更新，本節言此新心有何要用，即教衆正當之對待，及各人適用其所受之靈賜也。我藉所賜之恩，按原文爲，,,藉所賜我之恩‘‘保羅之爲是言，不徒施行勸勉，亦藉使徒職位，發佈命令，使人凜遵，從可知本支所言，教會之要務也。本節中二句逐譯頗難，約言之，,,勿思己越所當思，致己以溫厚平心而思之也‘‘。依 神所賦各人之信量。智慧之子，必覺其在社會及教會之地位，非憑一己本領，乃依 神所賦信量，故其爲人也謙，居心也平，思想也恬。

四至五節 以古人論社會國家習用之語，推闡教會信徒彼此顧恤之理，林前12 12—31謂既集會結團，必各具慧目，存心温和，謙冲推讓，盡厥天職，夫而後免生分爭結黨之弊。蓋教會中才智邁羣者，固有其人，然以上智與下愚較，終非主與門徒之比，主智能無似，猶甘心服事其徒，約13 13—14 彼不以主爲範者，雖明實愚，雖巧實拙，況　神生人才，各有其長，亦即各有其用，教會中最高之領袖，詎能謂販夫走卒曰，我弗需爾乎。

六至八節 總論　人既受賜有別，非第不可高視己才，尤當各盡所能，不涉他人，在此所提恩賜凡七，前四者特關職任，後三者則爲一般人所公有。

分解

六節 **或預言則依信量。**“預言”不必談將來，乃代　神宣其旨也，保羅時，新約尚未成帙，此職爲教會所必需，故其爲恩賜也，視他尤尊。林前14 1 “信量”浸文作“信之量”主觀之“余”　神予人啓示，悉依其人能受之信心即內感爲度，其人轉而語他，亦必準其內感，勿或過之，過則如宣道者逾於己所受之開導，高談宏論，悉屬空浮耳。七節 **役事。** διακονία 管理教會經濟事業，有人精明強幹，善於執事，亦　神所賦特能，即當用其所能，盡厥義務，若恃才自夸，干預其所不能，則誤矣。“教誨”者亦然，當專力於所長，勿曠工於所短。八節 **勸慰。**類於今日宣道而藉施勸化之工，世之大演説家，言論丰采，傾動廣庭則優，未必能爲一學校教授，聖教講員應神道教員之聘而僨其事者，屢有之矣，捨其長而用其短，惜夫。
濟者以誠。希文有二字可譯爲"濟者"一如放賑委員，以他人捐款而施拯濟。二卽在
此所言，以己之款濟人之厄。人得此慷慨性質，好善樂施，勿邀名譽，勿討人悅，心誠而無他
求，如耶穌太6 1—4所云，誠堪嘉也。治者以勤。"治者"原文有時論及治會，帖前
2 11 提前5 17 亦有時論及治家，提前3 4 5 12 蓋國有國政，家有家法，教有教道，
校有校規，全在握其權者憂勤惕厲，奮勉從公，否則成事者適以敗事也。矜者以樂。恤人
困阨，快愉爲之，悅於人亦悅於神。箴22 9 林後9 7 若夫厲色吝氣，嘑爾嗟來，貪夫
或靦面受之，廉士寧毅然拒之。矜者當效主所讚之撒馬利亞人焉。路10 33

第三支　信徒彼此之對待 12 9—21

經文 九 愛毋僞，惡惡而親善。十 兄弟相愛，宜親厚，相敬則先施。十一 勤而毋怠，熱衷
事主。十二 喜於望，忍於難，恆於禱。十三 供應聖徒，厚待賓旅。十四 窘逐爾者祝之，祝而毋詛。十五 與
樂者同樂，哭者同哭。十六 心相同，志毋高，惟謙是從，勿自爲智。十七 勿以惡報惡，衆所善
者則求之。十八 若或能之，則盡己以和衆。十九 愛友乎，勿自伸冤，寧待主怒，記有之，主曰，

伸寃在我，我將報之。二十敵飢則食之，渴則飲之，如是而行，猶以爇炭集厥首。二一毋爲惡所勝，宜以善勝惡。

要義　本支勸言，悉根於“愛毋僞”9一語。蓋有眞愛者，必顯其愛於好惡，守己，敬主三者，甚而施祝於敵。9—14 有眞愛者，亦必體恤爲懷，15 故保羅舊意重提，謂勿自高，宜求和，勿復仇，宜愛敵，因教會得勝要訣，悉在以善勝惡。16—21

解釋　九節　**愛毋僞**　“愛”字前原文有指件字，故韋茂譯爲“爾愛”。愛貴眞不貴僞，僞則非愛，隱恨耳。人獲人愛後，悉其愛非眞，未有不以爲見欺者也。主常以愛爲訓，教衆皆知當主於愛，故無之者，不得不貌親口蜜，以彰其爲基督徒之標幟。**惡惡而親善**。觀此句之坐落，知論交人接物而言，人有眞愛，必親於其道德有益之事，善也，必惡於其道德有損之事，惡也。惡字原文不惟有憎嫌意，亦有駭遽意，如人見蛇而生之惡心其前所加之 ἀπό，則有避忌遠離之意。

十節　**兄弟相愛**　原文無“相”字，且此四字原文爲一字 φιλαδελφία，卽兄弟之愛，特愛也，非如上節 ἀγάπη，普通之愛也。**宜親厚**。“親”字原文指家人之愛，教會於基督內旣爲一家，亦宜有此熱愛。**相敬則先施。**此隨耶柔米譯，按原文雖可有此意，然參腓2 3 帖前5 13，知官和之"恭敬人要彼此推讓"，尤合保羅之訓，謂雖不求人榮我，仍必恭以遇人。

十一節 **勤而勿怠。**觀上下文之聯關，知勤於何事，非俗緣也，乃信徒之義務，主工也，人若愛慕主工，自必勤勤爲之，不敢怠荒。**熱衷事主。**"熱"如水之沸，滾滾不已，言信徒心爲靈感，熱情勃發，非世人蠅營奔忙也。"事主"之事字，原文爲奴僕之事，謂事兄弟姊妹，亦當視爲事主，如主濯其徒之足然。

十二節 **喜於望。**愛與望關係密切，林前13 7 望之本於愛者，自有喜樂生焉。**忍於難。**信徒遇難，所以能忍者，致於望也。**恆於禱。**保羅興言及此，祈禱思想，油然而生，蓋人受迫時，卽當多祈禱時，不恆於禱者，喜也忍也，胥曇花之一現耳。

十三節 **供應聖徒，**不如淺文之"聖徒所需者則供應之"，因保羅非使信徒隨人所欲而予之，乃隨人所需而應之。官和亦是意 此自古信徒之要務也，提前3 2 多1 8 來13 2 彼前4 9 蓋當時信徒分散天下，與世人居而不屬於世，約17 14 人亦視爲異類，不施矜恤，使非彼此相顧，盡此供應義務，少數信徒，何能聯結而成有力之團體哉。厚待賓旅，不如官和之„客要一味的款待“以„厚“字原文 διώκω 有追逐意，表待客旅，當急起直追而爲之也。㊉

十四節　上節追逐之原文，亦有„窘逐“之意，保羅一提其字，卽思及教會所受之迫逼，暨對待之義務。至二言„祝“字，復贅以„毋詛“者，反覆言之，使人注重之也，因此義務，爲人所難盡，而窘逐者若爲同教，則尤難矣。

十五節　與樂者同樂，哭者同哭。盈捜呑曰，„人遇艱虞，與之同哭而體恤之，易也。人有喜慶，與之同樂而無忌心，則不易也。„此保羅所以先言同樂者樂歟。耶穌在世，與徒同樂，如赴迦拿婚筵是也。亦與同哭，如涕泣拉撒路墓側是也。基督永無更變，至今與教會同厥休戚。吾人互爲肢體，亦當痛癢相關，勿如越人之視秦人肥瘠也。

十六節　心相同　彼此輯和之謂也。15 5 林後 13 11 腓 2 2 4 2 夫人心所以不相同者，有人志意高傲作之梗也，故保羅進言之曰，志毋高，丟特腓以志高而失足，約三 9 押沙龍以志高而喪身，撒下 15 4 無如今仍不乏其人。惟有眞愛者，無論居何職位，處何社會，必不恃才岸忽也。林前13 5 **惟謙是從** 盈捜呑曰，"見卑者當降心相從，與之同路同車而助之。"教中時或有所睥睨，屏諸會外，使其心傷，此非保羅所爲，尤非基督所爲，何今中外教會屢見之乎。**勿自爲智** "智" φρονιμος，字之難譯者也，雖有聰智之意，卻不止於此意。人若重視其才能地位，目光如豆，以己爲界，胸襟自爾狹隘，謙德自爾消亡，必忘己而擴其眼界，思路始克恢廓。

十七節 **勿以惡報惡** 十四節禁復仇之心，本節則禁其行，三漢譯皆遺"無論誰"三字，μηδενι 謂無論信徒或非信徒，"以惡報惡"皆在禁例。**衆所善者則求之。** 論應酬往來，勿故討人厭，與主太17 27 "恐觸其怒"同意。蓋成規成見，披靡人心，若無碍於眞道，與其拂人之性，惡人所好，勿寧因勢利導，以温柔言行化之也。

十八節 **與人修睦**，有時勢不可能，亦屬莫可如何，若心誠求之，盡其在我，仍歸決裂，則咎有應得，在人而不在己，不誠求者，則己不能無過，不得徒諉罪於人也。

十九節 **愛友乎** 以下所命頗覺難從，故保羅先示親情而後發言，重提十四十七二節之意，謂人於其敵，非第祝之，14不害之，17亦勿當官出首，求伸寃抑。**寧待主怒** 淺文作"寧讓其怒，"誤會原意，官和作"寧可讓步，"亦非眞詮，惟文和適合下文，亦合 δότε τόπον 弗 27 之用法。意謂報惡者 神，彼爲鞫主，吾人愼勿竊其符焉。

二十節 官和"所以"二字，今校經家皆隨 B 古卷作反或作惟，(淺文)謂信徒待遇仇敵，適應與上(仲寃)相反。"飢則食之，渴則飲之，"以勝敵之仇視。"如是而行，"必使之愧悔交集，"猶以爇炭集厥首。"此智者之所爲也，故所羅門早有是言。箴 25 21

二十一節 本節爲 9—20 之結文。"以惡報惡，"乃爲惡所勝，卽爲己腐敗性質所勝。非然者，乃以善勝惡，不特勝人心內之惡，亦滅己之惡(復仇)心，所謂謙而尊，施而受，讓人不癡，恕人不曲，忘己者適以得人，正路也。凡我信徒，其以主在十架爲模範歟，抑蓄撤但復仇之心歟。

第四支　信徒服權之義務 13 1—7

經文 十三章一 秉權者，衆宜服之，蓋無權非由 神，諸權皆 神所命也。[二] 故與秉權者抗，乃拒 神命，拒者自取鞫也。[三] 蓋有司非行善者所畏，乃行惡者所畏耳，爾欲弗畏權，惟行善則得其褒，[四] 蓋彼爲 神之役，以益爾，爾若行惡則畏之，以其非徒佩劍，乃爲 神役，以怒加諸行惡者。[五] 故須服之，不惟因怒，亦因良心也。是以爾亦輸稅，蓋彼乃　神之有司，恆執斯役。所宜與者與之，稅則納之，征則輸之，畏則畏之，敬則敬之。

要義 國由　神立，國政褒善懲惡，治安是求，故國民悉宜服之，信徒亦然。1—5 國既爲神所立，其政費自屬當有，故納稅輸征，信徒不得視爲例外，當如何便如何耳。6—7

解釋 十三章一節 **秉權者衆宜服之**靈界惟　神爲主，身世則寄諸國家，此所以"秉權者"爲"各人(淺文)宜服"者也，既云各人，卽教皇亦在內矣。由宜字知人行此，理當然也。

蓋無權非由　神。(由字依DEFG不若依之ABLP作爲字) 謂人當服權之首故，蓋權(國權)皆爲　神所立也。末句原文無權字，故淺文之"今所有者皆　神所定"較文和官和爲優。保羅所以特加此支，註解家議論紛紜，要皆設想之詞，勿庸細究。吾人當知國權雖立於　神，秉權者亦與於　神，然權之體用，若不適於民情，更之可也。秉之者倒行逆施，不依法理，易之可也。惟權則不可廢，廢則政紊而國亂。

二節 **故理推自上也，與秉權者抗** 原文無秉字，只言抗權，如今之過激派無政府黨，"乃拒　神命"而"自取鞫也"。此事古今皆見之，惟抗秉權者，如華盛頓輩，未必取鞫，反爲人所尊焉。

三節　本節與四節，爲人當服權之次故，蓋有司非使良民畏之，乃罰所當罰，令行惡者畏之耳。有司責任繁重，不欲多事，信徒當奉公守法，使之企冀國民皆奉聖教。保羅屢荷羅馬官吏護庇徒18 12－17 19 35－41 22 75即後200年之迫逼亦多非出於有司忌恨乃因教民不敬國神有司恐觸神怒而於國有損見教會歷史上卷十四節

四節　蓋謂行善者爲何得有司之褒，蓋彼爲　神之役，以益爾。　神立有司爲其役者，此其故之一也。凡可存在之國政及有司，必當裨益國民，由其益民之多寡，可知何等政治更近　神旨。“惟行惡者當懼之”　神立有司爲其役者，此其故之二也。以　神使之，“佩劍，”“予以生殺之權，非徒然也，乃”“以怒加諸行惡者，”俾犯法之徒知所恐懼。從可知刑由人施，實由　神來，　神爲宰治宇宙大君，有司代　神行政，褒善怒惡，理也，人而可以不服也乎。

五節　故由上而推，謂人須服秉權者，不惟因其代　神而顯怒，亦因按諸良心，無人不當聽　神命，即無人不當服　神立國政而設之秉權者也。故國民守律，皆覺理所應爾，非因萬不得已，惟律之背乎　神命，非有司代　神而立者，則不可一味盲從也。

六節 是以爾亦輸稅，按原文爲"故爾因此亦輸稅"（見英譯 For, for this cause 因此故也）此句有二因字，三漢譯似嫌重複，皆去其一，若易以因此（此者良心也）二字之實義而作"故爾因良心之故亦輸稅，"其意卽昭然揭出，謂自爾依良心輸稅，可知秉權者爲所當服，（三譯之解）輸稅爾既以爲當然之義務，則服秉權者亦爲當然之義務，使不當服者何猶輸稅供養之乎。至所以當輸稅於彼者，蓋彼乃 神之有司恆執斯役。"役"字按原文在四節通常僕役之意，此則特別事 神之意，（來8 2）可見人服役本國，卽盡敬 神義務，雖云國自國，教自教，教會有其專職，國家勿得干預，然爲信徒者，勿忘國教皆立於 神，各予以相當之愛護。

七節 本節乃結上文，（1—6）亦引下支。（8—10）所宜與者與之，爲後四事總綱，註解與繙譯對後四事意見紛歧，於稅則納之有謂指屬國供獻主國，有謂指國民奉所得稅。於征則輸之有謂指國民所輸各種征賦，有謂僅指釐金關稅。於畏則畏之，敬則敬之主張亦甚鈎繩，實則明指國民向秉權者宜存之心，因畏者敬者，非其人也，其職位也，而其職位，乃表示國家之威權尊榮，不畏不敬，斯輕蔑本國矣，烏乎可。

第五支 信徒當以愛處世（13 8—10）

經文 八勿歉於人，惟以相愛爲歉，蓋愛人者盡律也。九如曰勿淫，勿殺，勿竊，勿貪，抑或他誡，皆以一言蔽之曰，愛鄰如己。十夫愛不爲害於鄰，愛也者律之盡也。

要義 人歉於人，必思有以償之，然有屢償而不能盡償者，愛也，凡 神特命關於人羣對待之義務，胥盡於此一言之內。

解釋 八節 **勿歉於人** 此句範圍甚廣，或內情，或外交，或資財接濟，或危弱扶持，皆不可有歉於人。非謂勿領人情，勿借所需，乃謂我所受於人者，務須濟償而勿歉。惟是儀物交際，或可往來相抵，而愛情所及，如主所言之二誡，太 22 40 何能盡願以償。**蓋愛人者盡律也**言愛人何以爲要。„律“ 非敬 神守己之律，由下節知爲交人之律，此律千端萬緒，頭頭是道，雖律師亦無以盡悉，然有其大綱在，愛也，循而行之，自無或誤。

九節 **蓋** 淺文 指明愛人何以盡律，蓋愛人者，必不淫之，殺之，竊之，貪之，即未言及之誡，亦不外„愛鄰如己“之意。觀此律之總歸，可知合而言之，愛也，正面也，分而言之，勿淫勿殺云云，反面也，稱之爲誡，只顯其反，未顯其正，於義似有未盡。此總歸首見於利 19 18，耶穌視爲金科，太 22 39 可 12 31 律師視爲玉條，路 10 27 雅各視爲尊律。雅 2 8

十節 言交人之律何以盡於愛，因△弗夫愛不爲害於鄰。人與人交，固當互相扶助不相妨害，卽國與國交，亦當互相提攜，不相侵略。凡人有愛者，非求一己私益，乃求人羣公益。凡國有愛者，亦非求一國私利，乃求世界公利。人與人無猜忌，國與國息干戈，天下一家，萬國大同，故曰，"愛也者，律之盡也。"本節僅言愛之大略，其詳可見林前 13 4—7。

第六支　信徒宜去暗就光 13 11—14

經文　[十一]緣此，知時已屆，今宜自寐而寤，蓋我儕得救，較初信時爲尤近。[十二]夜既央，晝伊邇，我儕宜脫昏暗之行，而服光明之甲。[十三]行宜莊正，如於白晝，勿荒宴而沈湎，勿冒色而邪侈，勿爭鬬而媢嫉。[十四]惟主耶穌基督是服，毋爲形軀是圖，以縱其慾。

要義　得救之日愈近，信徒愈當儆醒，脫昏暗，服光明，心基督之心，勿私慾是縱。

解釋　十一節　此皆當行淺文"此皆"二字原文 καὶ τοῦτο 雖較文和譯爲"緣此，"略近原意，仍不適合，當作"且此，"此△指八至十節之言，信徒所當行也。何以當行，"因知時也，"淺文何時，卽爾當由睡而醒之時。淺文"睡"字表人向惡悠忽輕視之心，不慎於惡，則下節昏暗之行易生。蓋言人所以當醒，來10 37 串珠 得救非自罪得釋，乃離世得生。有多數註解，謂指基督再臨，但帖後之著較本書爲早，觀其2 2，保羅雖不知主何時再臨，然知主非即臨，未臨之先尚有必成之多事顯露。彼謂保羅以主不久臨格者，殆與不明使徒之意之帖會有同謬矣。雅各彼得約翰亦有此類同之言，均不必解爲主即再來，乃有他意寓於其中。如雅各曰，主已立門前，雅5 9 保勸門徒勿自復仇，因主立門前，透悉一切，必查明秉公審斷，豈謂主臨在即乎。

十二節　保羅書信，常以己度人，言吾人在世有如夜行，但 夜既央晝伊邇，人無論乎老幼，皆宜如此存心，脫昏暗之行而服光明之甲。光明之域，信徒已得，弗5 8 故當行於其間，作事正大。觀"甲"字知人欲脫素日轄彼之亞波倫，必爲基督徒如本人約翰所言與之力戰，不服　神全備戎裝可乎哉。

十三節　上節由來世一方，言吾人當慎厥行，本節則由今世一方，言白晝之子，"行宜莊正"，與名相副，並由社會一方，言爾既屬白晝，爲世人所常見，尤當引人進於光明，重此白晝。觀保羅所言荒宴，沈湎，冒色，邪侈之序，知有深意在焉。蓋罪之爲物，連類而及，有其一則有其二，有其二則其三其四隨之層出。爭鬬媢嫉二者，屢爲上四者之結局，卽非其結局，亦與之同抗愛心，而爲私心之揭櫫。彼爭鬬媢嫉者，當知其在　神前，與荒宴等人同耳。

十四節　與上節適成反比，言信徒當存基督溫和謙遜聖潔博愛之心。初入教會卽服基督，6 3 加 3 27 久而化於主之完全，得有完人資格，此基督之目的，弗 5 27 亦吾人與之合作者也。弗 4 24 於此日新又新之工，人雖不能自爲，必依聖靈變化之力，始可漸入佳境。但其在人之要訣，則　毋爲肉體是圖以縱其慾。肉體之慾，令人犯十三節之罪者也，不可爲其是圖，蓋人於所不圖，大抵卽所不爲。偶蹈愆尤，固云難防，加 6 1 而人之罪多非由於偶然，且此偶犯罪過，雖非信徒所當有，然與圖謀干罪者較，　神與人均視爲輕。奧古司丁嘗謂此節乃其歸正機關，素常縱慾無度，爲其所勝，忽展卷而遇是言，聖靈卽藉以令之脫慾而服基督。

第二段　論於教會治安有妨之問題 十四章一至十五章十三節

宗旨 教衆程度有高低，信仰有強弱，不免意見紛歧，論斷橫生，保羅恐其於大局有礙也，乃勸以互相容納，生死爲主。14 1—12 專求益人，凡事效主。14 13—15 13

第一支　論待遇信道不篤之信徒　14 1—12

十四章

經文 [一]信未篤者，宜納之，非爲辯疑也。[二]或信百物可食，惟信未篤者，食
蔬。[三]食者毋輕視不食者，不食者毋擬議食者，蓋 神已納之矣。[四]爾爲誰而擬議
他人僕耶。其立與傾，惟其主在焉。但彼必立，蓋主能立之也。[五]或擬此日勝彼
日，或擬日日同一日，各宜堅定厥志。[六]守日者爲主而守，食者爲主而食，以其
謝 神也，不食者爲主不食，亦謝 神也。[七]吾人無爲己而生，亦無爲己而死。[八]生
則爲主而生，死則爲主而死，故或生或死，皆屬於主。[九]基督所以死而復生者，
致爲死者生者之主也。[十]爾何擬議兄弟乎，爾何輕視兄弟乎，我衆必皆立於
神鞫位前。[十一]記有之，主曰，我指己生而言，萬膝必跽我，萬口必頌我。[十二]是以我儕
必各陳己事於 神。

要義 人有信未篤者，勿屢責之，蓋堅固信徒，凡事不以爲意，而薄弱信徒，則於食物守日等事，固執成見，惟此無關緊要之節，莫若彼此寬容，要者萬事爲主而已，基督爲吾生死之主，但求對伊無愧，何暇論斷他人。

解釋 十四章一節 **信未篤者宜納之** "信未篤者"未完全依主得救之信徒也，其人已信耶穌，仍以爲食物之潔與不潔，節期之守與不守等有關於其得救，識雖不高，情有可原，不可輕藐拒絕，反"宜納之"視若兄弟。**非爲辯疑也** 不如淺文之"但勿論其所疑"官和與淺文之意略同 謂於其人勿時加評隲，於其疑勿時與辯駁，愛之恤之，不久而迷自破。細玩本節，可知羅馬教會對於食物節期之態度，尙未如哥林多人因祭像之物而獲罪基督，林前8 加拉太人因同食退席而誤解稱義，加2 12—21 哥羅西會因飲食月朔而被人擬議，西2 16 不過有受其束縛者耳。且由納之之言，知對篤信者立命足證其人之多，不然曷於未篤者無所命乎。

二節 篤信者多，故先提之，**或信百物可食**信仰高明，知食物之別爲事甚小，與得救大道無涉。"惟信未篤者"重視食物，不敢苟且，只"食蔬"耳。保羅在此只提篤與未篤兩等極端人物，其間必有若干等級，未暇論及。

三節 教衆派別雖多，信仰等第雖殊，然公理只有其一，即**食者毋輕視不食者，不食者毋擬議食者**。我信心自由，席列百物，渠良心拘束，菜羹一杯，此人泥守成見，類於舊日彼得，俗物不入於口，徒10 14 彼人一心信主，類於後日路得，百物任其享用，識見不同，所信則一，與其各是厥是，各非厥非，何若爾毋我輕，我毋爾擬，何也，蓋 神已納之矣。"之"字指上"食者"，當其回轉信主之際，" 神已納之"，爾等信心狹隘，因伊食爾之所不食，遂拒之棄之，抑獨何歟。（保羅所論公理也不獨關於食物）

四節 爾爲誰而擬議他人僕耶 由上節之擬議，知所責之"爾"，仍是信未篤者，依其所見百物皆食之人，終必失足於道。保羅曰，（一）非干爾事，其立其傾惟其主在焉。顯違主命之行，吾人責之，洵屬當然，弗5 11 其他則不可侵人自由與受割與否一也。加6 15 （二）但彼必立蓋主能立之也。彼爲主召，全心恃主，主施扶持，賜以爾所未得之許，使之穩立不傾，必也，亦能也，爾尚半恃食物，以爲成聖助力，專於細節摘瑕求疵，奚爲哉。由是可知教會對於食物無權以轄人，因食物之別，早經廢除，可7 19 擬人者盍於主言 太7 18 19 而細味之。

五節 安息日當如何守，其他節期或守或否，自古教會辯論時起，加4 10 11 西2 16 17 新約對此既無明文，故除四誡論安息日外，各人宜憑知理之心 νοῦς（非志）焉。（人於任何無妨之事或行或止各當憑其

知識而定見下21

六節 守日者爲主而守云云. 昔馬利亞香膏榮主，有人以爲別有善法，馬利亞毅然行之以表愛忱，主遂稱爲美事。守日食物亦然也，日爲榮主而守，信量寬大者，不可輕視阻抑，物爲榮主而食，信量窄狹者，亦不可飛長流短。反此猶是一理，非食與不食之爲要，要在人如何存心，若人以榮主爲至大至要之務，爲其所得充實感恩衷懷，主卽無不贊成，他於不關道德之事，求主之榮足矣。由本節可見羅馬信徒已效主謝飯模範可8 6 7

七至八節 此二節由反正二面，言人有所爲及所不爲，皆當爲主之故，信徒既屬於主，平生動作，卽不當私己是圖，必以主旨爲準繩，以主榮爲目的，不惟其生，死亦如之，約21 19夫而後無愧爲主徒也。

九節 節首原文爲蓋字，見英譯惜三漢譯皆遺之 言吾人所以當凡事以基督而不以己爲主，蓋 ,,主爲此死而復生，" 卽爲作 ,,死者生者之主，" 由此而知彼勢迫他人隨己私見者，不知覺間卽僭主位矣。主爲我律，亦爲我式，吾人只能曰，效我如我效主耳。林前11 1

十節 以本節 ,,擬議" 與三節較，知首句指信未篤者，由" 輕視" 知次句指信篤者，無論何

等信徒，皆不當彼此挑撥，蓋我衆必皆立於　神公座前（淺文）也，是非既定於　神鞫，不
定於吾擬，擬己尚有不能，況於擬兄弟乎。
十一節　本節乃以賽45　23爲將有審判大日徒17　31之據，因　神已指己立誓，謂不惟萬
膝必跽我，人人服我權下，且萬口必頌我，雖見鞫而受罰者，亦必頌我爲公。
十二節　此1—11之結文也。我儕必各陳己事於　神，意謂勿越分擬議他人，祗思己何
以對　神，因各人將陳於　神者，己事也，非人事也。

第二支　健者宜慎勿陷人於罪　14　13—15　13

經文　[十三]故勿復相擬議，寧定志不設絆檻於兄弟前。[十四]我宗主耶穌確知深信，
凡物原無不潔，惟以之爲不潔者，則於彼爲不潔矣。[十五]若使兄弟因食而憂，則
所行不由於愛也，基督既爲之死，爾毋以所食敗之。[十六]毋令爾之善，爲人所謗。
[十七]蓋　神之國，不在飲食，惟義與安及聖靈中之樂也。[十八]以此而事基督者，爲　神
所悅，世人所稱。[十九]是以凡致和平，互相建立之事，我儕宜追求之。[二十]勿因食毀　神
之工，凡物固潔，然於因食而躓者，則惡矣。[二一]不食肉，不飲酒，凡事不使兄弟躓

者，則善也。[二二]爾有信，當守之於　神前，人所稱許而內不疚者，福矣。[二三]疑而食者定
罪，以其不由乎信。凡不由乎信者罪也。十五章一 我儕之健者，宜肩不健者之弱，非
悅己也。[二]各宜悅鄰，以致其益，而建立之。[三]蓋基督亦非悅己，如經云，詈爾之詈
及於我。[四]昔所載者，皆以訓我而書，俾我因忍與聖經之慰而得望。[五]願施忍與慰
之　神，賜爾曹同志依基督耶穌，[六]使爾一心一口，以榮　神我主耶穌基督之
父。[七]故爾宜相納，猶基督納爾，以爲　神榮。[八]蓋我謂基督因　神之眞誠，曾爲受
割者之役，以應所許列祖之言。[九]亦俾異邦因其矜恤而榮之。經云，緣此，我將
於異邦中稱頌爾，謳歌爾名。[十]又云，爾異邦人宜與其民同樂。[十一]又云，凡爾異邦
宜頌主，萬民亦宜頌主。[十二]以賽亞又云，有耶西之根株，將興，而君異邦，異邦將
望之。[十三]願施望之　神，因信以樂與安，充於爾曹，俾爾賴聖靈之能，獲豐溢之望。

要義 本支可分二層，一，衆人固勿相擬，健者更勿陷人以食物口腹之小害，救人愛心之
大，何以悅於　神而稱於世，故當以和平爲貴，互助爲要，蓋信爲福，己愛爲益人，玩索五節
之言，庶乎其不差矣。14 13—23 二，弱者良心注重小節，健者肩之，乃效基督程式，聖經載主

品格，皆爲教育後世，幸　神賜助，使人一口頌主，故人宜相容納，如主之不分猶太異邦，經謂　神之許歸諸二族，使皆有喜樂平安希望，其確據也。15 1—13

第一層　信徒當爲人克己 14 13—23

解釋　十三節　故勿復相擬議，"故"字承上，謂審判權衡，既操於　神，故勿妄爲挑剔。保羅在此又進一解，曰信徒不可相擬，非僅畏　神之鞫，卽以愛人之道言之，亦當體恤人所顧忌，由茲以往，不設絆檻於兄弟前，以作爾爲人準的。林前 8 8—13 依勾德解，"絆"使弱者良心爲難之事也，"檻"弱者自覺背其良心而成罪之事也。

十四節　我宗主耶穌確知深信，凡物原無不潔，食物屬質，不屬靈，亦不足以潔靈或汚靈，保羅通達主心，深識人之成聖與物無關。惟以之爲不潔者，有人不明摩西律法分物爲潔與不潔，乃藉以喻人屬靈之道，參救世略說 仍受良心束縛，彼若食之，則行事背乎良心，自"於彼爲不潔"而有罪矣。

十五節　本節原文冠以蓋字，與十三節相連，言當時爲人絆檻之一要端，謂爾健者百物皆食，乃使兄弟因爾而憂，則所行不由於愛。人對食物本爲自由，然爾之自由當以愛爲藩，此不可隨意而食之一故也。二則隨意飲食，在我雖無何尤，但令他人背良心而從我，使彼以所食而敗亡，則基督爲其死而歸諸徒然之罪，誰負之乎，殆未思其刑之重歟。太18 6

節十六 毋令爾之善爲人所謗。按原文節首爲“所以” οὖν，緊承上節，謂自由善事也，然用失其當，則貽害他人，故爾當留心，毋因敗兄弟，令人謗爾善美之自由。邁爾等見“爾”字在原文爲多數式，遂謂“爾之善”福音也，毋因爾所爭持之細節，令其“爲人所謗”。但保羅在此乃對健者立言，非對信衆立言，故原解較妥。

節十七 蓋解人勿爲小節陷人於罪之故，蓋重飲食則誤會 神國之宗旨，而“神之國”所以立於世，惟一行公義，二求和平，三慕由聖靈交通所得之喜樂也。有解此三者爲論稱義，及因稱義而得之康樂，不知保羅在此言信徒當如何爲人德也，非道也，吾故仍從首解。觀本節表面，似對縛於猶太食物禮俗之弱者而言，但本支大綱，論健者當爲弱者克己，15 21是以寧以其意謂爾健者勿因兄弟顧忌食物，妄肆詰責，於此細文不若器量寬宏，見如未見，專求 神國所在之大德。

節十八 觀英譯 For，知言信徒所以當如此爲人，因一“爲 神所悅”，二“世人所稱”，今日新舊二派，厲言攻擊，不遺餘力，其忘此自理歟。„此“原文爲單數字，指信徒爲人若何，官和作„這幾樣“未見有何典可據。

十九節 觀是以二字，知本節推論上文．事指十七節所言三者，建立原文指宮室之營築，新約常用以論 神國（教會）之締構，但各信徒亦如未成之殿，他信徒若能行上三事，非惟不令其敗壞，反有以建立之，要在視爲己工耳。

二十節 勿因食毀 神之工 人爲信徒，卽作 神工，故本節緊接上喻而言其反，謂„因食“陷人，不第敗壞弟兄，（十五節）亦„毀 神之工“而爲其敵。凡物固潔，然於因食而躓者則惡矣。食物本無別乎潔與不潔，然人背其良心而效健者，食己以爲不當食之物，„則惡矣．“顧其所以干罪，乃在健者有以使之違厥天君，以此毀 神之工爲健者之工，可不愼歟。

二十一節 此本層之總論也．善當從淺文作„美“，因原文 καλόν 非 ἀγαθόν，健者爲弱者之益，舍其可有之自由，凡事克己，不使兄弟失足，見者能不以爲美乎．但弱者恃此以牽他人之自由，亦不可也。

二十二節 **爾有信當守之於 神前** 信堅於人，勿矜誇而表影，使他人自覺形穢，因信者人與 神之聯關也，（愛者人與人之聯關也）只可守於 神前，不必肆諸市朝。**人所稱許而內不疚者福矣。** 於此飲食小節，自由固不爲過，但對弱者夸示自由，害及其德，竊恐後日返省，難免„自擬“（淺文）於自擬而謹防者，„福矣“。多數註解謂本節下警人勿自由而食，以免食後疑有所不當食。特觀本支宗旨，其人之罪，不在食而懷疑於己，乃在食而貽害於人，首解較勝，有以夫。

二十三節 **疑而食者定罪以其不由乎信** 人對一己固當謹防自擬，而爲他人尤當小心自持，蓋„疑而食“已以爲不當食之物者，罪已定矣，何也，以其所以食之，非因信主已廢此節末分別，而令人知其成聖非在於斯，乃因恐他人之蔑視，良心不無罪責也。**凡不由乎信者罪也。** „凡“字所括者廣，不只飲食一端，此言雖置章末，實本層之大前提，疑而食即不由乎信，爲小前提，故斷案„疑而食者定罪“。以上數節，只論奉教之猶太人食與不食而言，彼等雖知稱義因信，卻不知成聖亦然，良心遂爲食物所縛，（持齋者信主後猶不茹葷亦如之）其人所信若是，依其良心而行則可，違其良心而行則不可。他事亦猶是也，人信其所作爲眞理，倘不免於有罪，而況背其所信乎，因，"凡不由乎信者罪也，" 如華人謁廟拜像，行之則供奉土木罪自難免，不行則違逆天良罪仍在焉。

第二層　互忍相納效主得望 15 1—13

解釋 十五章一節 **我儕之健者宜肩不健者之弱**，保羅列己於健者內，使知勸人所肩之軛己亦鞠躬肩荷。不健者顧此忌彼，誠令他人爲難，不惟寬容而饒恕之，甚且克己而體恤之，不有基督之愛能若是乎。或謂不健者何不思其弱而不爲難於人哉，曰，其人心鈍才短，慮不及此，健者末如之何，忍焉而已，如護醫侍疾，必忍病夫擾人之處也。**非悅己也**，信徒大事，救人也，非悅己之口腹，他人有何顧忌，忍之矜之，因以救之，保羅嘗從事於斯矣。林前10 33

二節 世之悅鄰者未必益鄰，信徒各宜悅之而"致其益，" 奚益，曰，"建立之" 也。對鄰談道，只求其悅，無何造就之處，焉望使其獲益，信徒盍愼諸。

三節 **蓋**乃引基督法式以作吾人不宜悅己之據。**基督亦非悅己** 吾人有時盡己和衆，俯依弱者心意，不勝其煩，不堪其累，須知我所受者，基督亦受之。基督先苦後榮，先卑後尊，我爲其徒，步步趨趨，行主之行，今日同苦同卑，異日同榮同尊，何憚而不爲哉。如經云保羅著本書時，福音尙未出世，故不引以爲憑，而引舊約指基督之言以爲證。詈爾之詈及於我 神立基督救世，基督實行其工，求悅乎 神，人詈 神之救法，其詈遂及於主。

四節 蓋淺文申明上節引經文之故， 神賜經言於人，當時自有原因，然書而載之，則爲訓誨後世。其訓維何，俾我因忍與聖經之慰而得望。按原文文法，並依李德劭之解，„忍“與„慰“皆居聖經轄格，和合意謂舊約屢載古人所受艱辛，吾人劉覽之餘，可生忍獲慰，因„得“勝諸艱而納於主之„望“。意與來12 1—2相若。保羅爲受啓示之使徒，猶視舊約垂訓萬代，何今有人鄙薄輕蔑，不貴使徒所貴者乎。

五節 聖經益人，上節業已言明，然祇有聖經爲益尙少，必有 神之主持，藉以啓迪羣生，始克益世無算，故願施忍與慰之 神賜爾曹同志。„同志“不若官和之„同心“，所謂同心，非於爭辯問題，同意而無紛歧，乃指應酬交際，同愛而敦睦誼，教衆意見參商，往來依然和親，豈無„施忍與慰之 神“賜助之世人所能者乎。 神施忍慰假諸聖經，信徒而欲盡其善行，舍熟讀而默思之，庸有他途。

六節 一心一口 „心“ 字非上節 φρονεῖν 指人心意，乃 ὁμοθυμαδόν 言人情緒，有此同情，自
爾同口，以榮 神，“ 非然者，謂之同歌詠則可，謂之同榮 神則不可也。神我主耶
穌基督之父在此及弗 1 3，英譯皆作 „我主耶穌基督之父及 神，„與耶穌可 15 34
約 20 17 之言相合。以文法言之，二譯皆無不合，然觀可，約，弗之解，仍覺英譯較優。
七節 故 1—6 之結束也。基督爲爾師表，3 聖經遺爾明訓，4 父 神亦欲爾互忍互慰，5—6
故爾健者弱者，皆 宜相納，猶基督納爾。„基督納爾“ 不以自主爲奴之別，不以猶太
異邦之界，所要求者，信而已矣，爾曹可不依樣相納，而益主未有之問題哉。以爲 神榮
基督納爾曹，爲使 神得榮，爾曹若不相納，卽反對主之恩工矣。
八節 蓋並轄下節，言基督雙方並納之故。本節言納猶太，爲成神 許，下節言納異邦，爲榮
神恩。上文悉論健者弱者，由茲以始，易以猶太異邦，據大勢言，猶太弱者也，異邦健者也，惟
不盡然耳。因 神之眞誠 神許列祖，賜割禮以證其約，創 17 10 基督來世，適以成之。
受割者之役，據三德及斯台夫解，„者“ 字宜去，因基督非受割之人之役，乃受割之約
之役，其成此約，先使猶太人見義，後藉猶太使異邦得救。加 4 4 5 可爲本節註脚。

九節 亦俾異邦因其矜恤而榮之 按文法，本句與上節末句平列，同爲"受割之役"之目的。主成受割之約，一使猶太讚揚 神之眞誠，一使異邦歡頌 神之矜恤，夫而後雙方胥榮其 神。本節下及下三節引舊約律法詩篇先知，證明異邦因蒙矜恤而榮 神之言.

經云 詩18 49謂基督於異邦中歌頌耶和華名，既讚 神於其中，自與同調而非獨彈矣。

十至十一節 十節引申32 43，謂摩西預言異邦將與猶太同班唱和。十一節引詩117 1延異邦萬民頌主之言，原文二句各有"皆"字，要字也 無如文和淺文悉行脫略，官和祇存其一。

十二節 引LXX之賽11 10，言異邦將受主爲君之統治，非因勉強，乃"望"之也。

十三節 施望之 神 原文爲"望之 神，"上數節屢顯信徒有望之意，而此望之得，則由於 神亦因乎 神，稱之曰望之 神，宜也. 譯文加一"施"字，未免減少分量，蓋 神不惟以望施人，實爲此望之原，其基址胥在 神爲吾人所立之耶穌。3 26 教衆惟當求 神，以因信而生之喜樂平安，易其因食物而生之爭辯齟齬。此"樂與安"二善德，乃人眞信主而效之之結果，有則望與俱有，無則望與俱無。因自忖行非主徒之行也 信徒一己能有此善德乎，曰，必賴聖靈之能。吾人心內雖有主觀之信仰，以爲善德之原，然必有聖靈如客觀之成位者，"順其善意，施於爾衷，" 腓 2 13 方可爲成事動力之信仰也。

第三段　保羅謀畫前途請安復勸頌讚 十五章十四至十六章二十七節

保羅贅此末段，可分四支，一，表白之詞，與 1 8—15 略同，15 14—33 二，提名問安，16 1—16
三，最後勸言，並代同侶致意，16 17—24 四，頌讚。16 25—27

第一支　保羅自述其職兼謀前途 15 14—33

經文　十四兄弟乎，我深信爾滿於善，充乎智，亦能相戒。十五我毅然致書，使爾記憶，
因　神賜我之恩，十六令我爲基督耶穌之役於異邦，恭事　神之福音，俾所獻之
異邦人，由聖靈而成聖者，見納於　神。十七故我於　神之事，賴基督耶穌有可誇
者。十八非基督藉我所行之事，我不敢言。十九惟以言行異蹟奇事，與聖靈之能，使異邦
順服。遂自耶路撒冷周行至以利哩古，偏傳基督福音。二十我務宣福音，不在已宣
基督之處，免建於他人之基。二一如經云，其音未及者將見，未聞者將悟。○二二是故我
屢見阻，不得就爾。二三今在此境，再無可往，數年來所願者，往士班雅時就爾。二四蓋望
旅中見爾，先於爾曹稍滿我志，蒙爾送行。二五今我往耶路撒冷供給聖徒。二六蓋馬基

頓亞該亞人樂意捐貲爲耶路撒冷聖徒中之貧乏者。(二七)彼固樂意，亦負其債，因異邦既共與其屬靈之物，自當以屬身之物供之。(二八)迨畢斯事，誌此善果，則將由爾適士班雅矣。(二九)我知就爾時，必以基督之厚福而來。(三十)兄弟乎，我以主耶穌基督，亦以聖靈之愛，求爾同我竭力爲我祈於 神，(三一)使我脫於猶太之違逆者，亦使我供給耶路撒冷之聖徒，爲其所納。(三二)致循 神旨，欣然就爾，偕爾獲安。(三三)願賜平康之 神偕爾衆。阿們。

要義 保羅爲上勸言，非出於不知羅馬教會之善德靈智，乃盡其爲異邦使徒之天職，如祭司立於壇前，奉獻異邦教會於 神。14—17 復言其所以未赴羅馬，18—22 及將來有何行程，23—29 特請聖徒爲之祈禱，使其謀畫成時，可得 神之護佑。30—32 繼以首致祝福。33

解釋 十四至十六節 保羅於此尾聲之首三節，先爲前言告恕，謂其如此„毅然致書"非以羅馬教衆如猶 3 „授於諸聖一次而已"之人，乃如約一 2 21 27 識眞理受主膏之輩，卽„滿於善充乎智"者也。其人既有聖道根柢，然後施以勗言理論，爲意少在訓導，多在„

使爾記憶。“由上觀之，保羅因蒙　神派爲使徒之恩，立爲異邦屬靈之祭司，非爲其獻祭因主已獻之 恭事之以　神福音，俾其“見納於　神。”顧其所以見納，則因聖靈藉保羅所播之福音，使之成爲聖潔．可見教牧職務，不外廣佈福音，至人見納，悉在其相信蒙　神賜以聖靈之恩助也。使斯合夫之解

十七節 故　因蒙神派爲異邦大使，弗3 8 9 爲其事成效卓著，故“有可誇者，”然所誇者非在己，“乃在基督耶穌，”淺文 卽謂其能力絕不賴己，全賴賜之之主。腓4 13

十八節 觀英譯 For 知保羅言其爲何祇以基督藉其所行誇口，因悉己爲罪魁，原無足計，凡所誇耀，皆歸本於基督，如加2 20“我生，非我也，基督生於我中也。”基督藉我所行之事使異邦順服謂基督藉保羅之“言行，”卽其廣佈之福音，及管理教會之制度，成主使異邦向化之目的。十八十九二節之序譯文各殊本解乃順英譯

十九節 基督不特藉保羅之言行，亦藉所予之“諸兆異蹟，”淺文 及聖靈所賜人心之能。由原文介系字 ἐν 知下三者非言行二者之對解，乃別有其力也。本節下言保羅著本書時，佈道已至之界，東南“自耶路撒冷，”西北“至以利哩古，”有引徒20 1—3 謂以利哩古亦

在保羅佈道區域內者，然觀自至二字，約指界線而言．後日或至其地否，新約未有明文，只知在此大地之內，盡傳基督福音．(文淺)"盡"字與文和之"徧"字，官和之"到處"，原文皆無，不過言成全 πεπληρωκέναι 基督福音，殆指福音意義之範圍，(徒20 27)否則以地點論，保羅下節明言有未抵之處也。

二十至二十一節 我務宣福音 原文爲"我傳福音所求，"何所求，卽"不在基督之名已見稱之地。"(官和) 保羅立此定志，非防與人衝突，非因與他使徒意見不合，亦非因分區佈道之便，乃因知基督眞道，關係普世，宜宣於衆．卽其致書羅馬亦不背於是意，因在此只言本身佈道工作，非爲教會撰著工作也。保羅爲此，適成舊約福音廣傳之預言。

二十二節 由是故二字，知本節緊承二十節，(不當問以大圈) 因有廣傳福音之目的，故"屢見阻，"稽多工少，不得脫身而至羅馬，使強求者，卽與目的相左，然非因羅馬已有教會，遂不欲見之也。

二十三至二十四節 由十九節成全福音之言，可知"今在此境，"無不赴都之大故，況心內想見之乎，(1 11 12)故決意"往士班雅時，"道經羅馬，既以士班雅爲目的地，豈保羅舊志未泯歟。

20 觀“稍”字知未望在羅馬久停，不過少寓，稍了心頭願耳。觀“蒙爾送行，”亦知望由羅馬教會得儔侶同行而西，使全程或半途中，多獲慰藉。保羅後日雖得如願爲羅馬客，然其行程境遇，則非平生所望。至其赴士班雅否，書闕有閒，未敢臆斷。

二十五至二十七節 言不得當時就近赴羅馬之故。閱哥林多前後，知保羅對於“供給聖徒”異常注重。其時加拉太已有籌備，林前 16 1 馬基頓逾分捐納，林後 8 1—5 且勸哥林多信徒博施廣募，林後 8—9 則捐貲之湊集者，不爲少矣。或謂送此銀至耶路撒冷，他人亦能擔任，何以保羅必欲親爲之乎，曰，保羅親往，可藉以解猶太舊黨之疾怨，及猶太信徒之疑忌也。徒 21 20 21 異邦教會，樂捐濟人，固爲美事，亦所當然，猶太既受主前多年之迫害，並荷主後傳播福音之重任，異邦方得屬靈莫大之利益，茲爲此屑屑“屬身之事奉，”淺文 不亦宜乎。譯作事奉之原文 λειτουργέω，新約惟見於此及徒 13 2 來 10 11，參彼二處，可略知此處意義。耶路撒冷教會，非盡人空乏之待賑，今異邦恤貧捐貲，卽知徒 4 32“諸物與共”之規，祇行於一時也。

二十八節 由三漢譯皆遺之“所以”οὖν，知本節緊承二十六節，迨畢斯事，原文注重“斯”

字，藉悉阻保羅適羅馬者，只餘斯一事矣，所以斯事畢後，必遄臻以大利以償夙願，詎意神之謀有不如此者乎。誌此善果 不若淺文 ,,加印此果於彼，" 加印表爲誰有之意，福音先自猶太外播異邦，今保羅奉此果返國，如出入將命之家宰，特加使徒印記，以表此捐款爲彼猶太所有，亦所當有。 由爾 由爾處 羅馬 也。觀二十節亦有藉爾助之意。

二十九節 將本節與 1 11 參照，保羅確知其來有益於衆，宣道者若能效其儀型，心滿於道，言尤乎智，不徇人情，惟求主榮，無論何之，亦必益人莫算。保羅不知何時可來，亦不知遇何困難，但主將與之同在，詩 23 1 人已雙方受益， 1 12 則無毫末之疑慮也。

三十節 保羅雖切望至羅馬時，攜主因其行於耶路撒冷之善工而增益之祝福，然械繫之難免，生命之難保，又在意中，故哀乞信衆同其竭力求 神佑護。,,同竭力" 原指競走者努力爭勝而言，保羅祈禱何如懇摯，可想見已。

三十一節 赴耶路撒冷所懼有二，猶太之非信徒，初視保羅爲叛教首領，怨恨之心以生，後見其不使基督教爲猶太教之一支，反立猶太異邦平等之新教，阻之佈道異邦 帖前 2 16 而不得，嫉忌之心愈動，此一懼也。耶路撒冷信徒，不少狹隘之輩，捐貲來自異邦，未必惠然肯納，此二懼也。（雖有此懼仍稱之爲聖徒） 其懼之一，後在耶路撒冷果爲所困，但　神允其籲懇，使得慶生而至羅馬。其二，聖經未載貧徒如何接納，祗知諸領袖輸誠相遇，其餘既爲猶太人，想無不樂受之也。

三十二節　言爲此懼求　神見允，卽能"欣然就爾，"得享平康於無爭無慮之羅馬。"循　神旨"謂其所將行者，無一違乎　神旨，　神旨若何，保羅尚未明瞭，仍望使之快愉來京，此意　神雖未從，然其來時未嘗無樂，徒28 10 來後亦未嘗時居愁城也。腓1 18

三十三節　保羅有所恐怖，羅馬人閱書，亦不無疑懼，然事　神而依之者，安與望13其來有自，保羅不欲我肥人瘠，特加祝福賚諸會衆，教牧有望與安蘊於其衷，使衆與之偕樂，休哉。

第二支　提名問安　16 1—16

經文　十六章　一我薦我姊妹非比於爾，乃堅革哩會之役事。二爾當緣主納之，如聖徒所宜，有所需於爾，則助之，蓋彼素輔多人，亦輔我也。三問安於伯基拉、亞居拉，宗基督耶穌與我同勞者，四曾爲我命以頸冒刃，不第我謝之，異邦之諸會亦然。五並問安於其家中之會。問安於我愛友以拜尼土，乃亞西亞首薦於基督之果。[六]問安於馬利亞，爲爾多勞者。[七]問安於我親戚安多尼古，猶尼亞，曾與我同囚，其名見稱於使徒，且先我宗基督者。[八]問安於暗伯利，宗主爲我愛友者。[九]問安於宗基督與我同勞之耳巴俶，並我愛友士大古。[十]問安於亞比利，宗基督而見納者。問安於亞利多布之家屬。[十一]問安於我親戚希羅天。問安於拿其數家之宗主者。[十二]問安於土非拿氏，士富撒氏，宗主服勞者。問安於愛友彼息氏，宗主多勞者。[十三]問安於魯孚，宗主見選者，並其母，亦我母也。[十四]問安於亞遜其土，弗勒干，黑馬，八羅巴，黑米，及同在之諸兄弟。[十五]問安於非羅羅古，猶利亞，尼利亞，與其姊妹，及阿林巴，並偕彼之衆聖徒。[十六]爾當互相問安，接吻惟潔。基督諸會問安於爾曹。

要義 盈搜吞曰本支一名單耳，然寶鑛正蘊於斯，一知保羅摯愛其友。二知保羅重視女界。（單內女界居三之一）三知羅馬教會之組織。四知保羅感力之大。（未至之地亦多其友）五單內非盡羅人，然福音傳至之處，直至世末，其名永存，可作錄於維生書 啓21 27之預表。

解釋 十六章一節 非比爲哥林多東約二十七里 ,,堅革哩教會之女執事。"（官和）古人玩味保羅薦言，謂因非比將之羅馬，委攜本書。在此言教會當納之者，一以其同作信徒而爲,,

我儕"淺文之姊妹。二同任教職而爲會中役事，忠心服務。見下節當時教會爲照管貧病客居之女徒，有女執事之立，希利尼數處教會仿行有年，近今耶穌教亦有復興此職者，應急需而立得其當，無不可也。

二節 保羅言所以薦非比者，一使人納之於非緣或爲基督內。即以其爲於基督有分者厚待賓旅，12 13乃"聖徒所宜。"來13 2 16彼前4 9二使羅馬教會助之於其所需。"助"字原文爲特別之助，伊於羅馬似有涉及法律之事，會衆當有以助之。保羅未言其事關乎教會，大抵只關非比箇人，可見信徒互助，不限於會務也。其人何以當助，蓋彼素輔多人亦輔我也。從知非比人物重要，爲堅革哩教會之傅姆。

三節 伯基拉亞居拉非使徒，非先知，非教誨，乃同勞者。昔與保羅同藝，徒18 3今"宗基督"同工。徒18 2首提其人，約主後五十二年寓哥林多，閱二稔，遷以弗所，徒18 18 26林前16 19今茲僑居羅馬，後又移以弗所。提後4 19聖經嘗四舉其名，妻先於夫，可見教會不以男女別人之高下也。哥林多爲二人首作主工之區，至伯基拉對衆宣道否，閱林前14 34，可揣想而知之。

四節 **曾爲我命以頸冒刃** 彼等何時何地，犯此大難以救保羅，吾人末由確定，或在以弗所，或在哥林多想當然耳。約 15 13 言“爲友捐生，愛莫大於此，”保羅一息尚存，其人不容稍忘。提後 4 19 “不第”保羅爲然也，“異邦之諸會亦然，”主爲彼等舍命，彼等亦願代主之忠僕喪生，使其得保餘年，服勞主家，今日教會焉得不“謝之”乎。家中之會（譯文在此分節不同）當年信徒禮拜，多集一人之家，如中國某地信徒寥寥，某城信徒相距較遠，亦有行之者。

五節 **首薦於基督之果** 無論何地有先認主者，使徒必意外歡忭，恆心守道，更必蒙其特“愛”。如山東西教師郭顯德君，於首收之信徒林某，歡愛備至，嘗謂此 神之子也。

六節 **馬利亞** 新約同此名者六，觀其人所得“多勞”之稱譽，未加“在基督內”或“於言與訓”提前 5 17 字樣，大抵非勞於佈道，然實行服役以身事主如馬大者，亦足流芳千古。

七節 **親戚**官和作“親屬，”或保羅至親，或僅屬同族，不得其詳。**猶尼亞**男耶，女耶，與從考稽，使爲女者，想係安多尼古之妻。“曾與我同囚”由保羅歸主以迄於茲，路加記其繫獄者。只一次耳，徒16 32二人同未之偕也，然觀林後11 23，保羅屢幽狴犴，二人與之同囚，非無緣也，且爲主作囚，卽不同時入牢，亦可如是稱之。其名見稱於使徒“使徒”奉差之意，不差於基督而差於教會如巴拿巴者，依然呼爲使徒；特是日久年遠，惟主所差可獲斯稱，在此未言其爲使徒，不過言其爲使徒所尊稱道不已，何有宗派以爲使徒位分下傳之據歟。先我宗基督者保羅提及其名，不能不憶己逼迫教會時，聞二人入拏撒勒黨憤懣羞愧之狀，今以爲榮，何幸如之。觀此二人之“見稱”，可知人奉聖教，不當因親戚鄉鄰之怒視而生慚惶，其人後或變爲同道如保羅然，意中事耳。

八至九節 此三人者，新約他處未嘗提及，但閱羅馬皇宮軼記，曾有“暗伯利”之名。觀“在主而爲我所愛”淺文知保羅因其有屬主之虔德而愛之也。與我儕同勞之耳巴級官和他處常言與我同勞，在此不言我而言我儕，必有其多勞之故。士大古希利尼名也，亦列於該撒衆僕內。

十至十一節 亞比利羅馬皇宮軼記屢見之名，在主有練達者淺文言不第受試，亦勝其試，有經驗而“見納”。彼前1 7 亞利多布或生或死，或爲信徒或非信徒，不得而知，只知在其家（大抵指教僕言）有信主者。希羅天僅爲保羅,,親戚“似無他長。拿其數有該撒革老丟徒18 2之僕，見釋而得大權者，亦同此名，茲或其家中有奉教之奴。

十二節 土非拿氏土富撒氏二女士，當保羅著本書時，,,宗主服勞“。彼息氏觀原文勳字，似爲前日,,多勞“，今已休養之女徒。由多與愛二字，可知其品格卓越，因係女流，保羅諱我所愛，爲教牧者，可不避嫌乎。

十三節 魯孚或卽可15 25之魯孚，未敢武斷，因同此名者多也。在主而得選（漢文）非見選得救與衆爲伍之意，乃言得選於主，超邁凡庸。並其母魯孚生身之母，亦我母，嘗以母之慈心遇保羅也。

十四至十五節 觀二節贅句，大抵所提諸名係城內二區會要人。至十五節言,,衆聖徒“不如十四節言,,諸兄弟“者，因其間有女徒也。

十六節 爾當互相問安接吻。惟聖按原文爲,,爾當互以聖潔之接吻問安“，當時規俗，與今接吻以問安相若，故法利賽人西門不以禮接主，主則責之。路7 45教會所以行此禮者，乃表彼此以聖徒相接納之意，故保羅稱之爲聖。後阿利金據保羅彼得之言，林前16 20

林後13 12 帖前5 26 彼前5 14 謂此爲禮拜宣講後之通例，遍司聽瑪特耳及特特連亦嘗提及希利尼教會至今有行之者但在保羅無意立爲常規垂諸萬世，無非當衆受其問安之際，彼此接吻，以表同心一家耳。基督諸會，保羅由耶路撒冷至哥林多途經，諸會，必言將赴羅馬計畫，而羅馬教會名高望重，1 8 教會歷史上卷四十七節 則屬猶太異邦之衆會，倩保羅以問其安，有必然者。

第三支　最後忠告代人致候 16 17—24

經文 十七 兄弟乎，我求爾凡啟分爭，置機檻，異乎爾所學之道者，宜愼而避之。十八 蓋如是者，不事我主基督，惟事口腹，以巧言媚語，誘惑誠樸者之心。十九 夫爾之順服，聲聞於衆，故我緣爾而喜，願爾於善則智，於惡則愚。二十 賜平康之 神，將速踐撒但於爾足下。願我主耶穌基督之恩偕爾曹。二一 爲我同勞者提摩太及我親戚路求，耶遜，瑣西巴德問爾安。二二 筆此書者德丟，宗主問爾安，二三 我及全會所主之迦猶問爾安。二四 邑之司庫以拉都，及兄弟括士問爾安。

解釋 十七節 有人視此，謂羅馬教會已有僞師，不知若已有之，何以保羅洋洋大篇未見其色彩如哥林多加拉太二書乎想係保羅見伊等在他會之煽惑，特勸羅馬防微杜漸耳。

其人言論異乎信徒學於使徒之道，而"啓分爭，置機檻"以紛擾教會前途，此僞訓所生之弊也。凡所談吐皆出一轍。教中有此僞師，不必即行逐諸會外，或革其聖餐，妙術惟一，"愼而避之"弗聽而已，渠若終於剛愎，則依多3 10，擯之可也。

十八節 蓋言所以不當聽僞師者，蓋彼如是行動，專爲度生，不吐逆耳忠言，乃"以巧言媚語，"悅人聽聞，內狠外羊，貌若虔誠，太7 15最易"誘惑誠樸者之心"其人既"不事基督惟事口腹"其言自不由衷，口蜜而腹劍也。

十九節 蓋（原文非夫字γὰρ）言我所以如此勸爾，"爾之順服，聲聞於衆"洵屬無咎，令我喜而不寐，但（原文見δὲ）爾誠樸，若是易受厥惑，故勸爾"於善則智"，"於"字有終竟意味，（下同）謂對於令爾歸善之教訓，則聽之而有智，惟"於惡則愚"，"愚"ἀκέραιος太10 16文和譯之作"，官和作馴良，眞諦爲純而不雜，謂對於一切令人歸惡之事，心純而無一或有，可知愚字不甚吻合。

二十節 賜平康之 神反對十七節"啓分爭"之徒，速將撒但（原文啓爭之）踐於爾足下（官和

非如二文譯　神將踐之，依原文乃將撒但甩 συντρίψει 於爾足下，使爾踐之。僞師爲撒但使者，助撒但擾亂　神家，爾若保守眞理，伊必速行遁跡，使者勢敗，亦卽撒但權落。（三註之解）"速"非言基督不日復臨，乃言若輩無論何時現形，若教會避而不聽，必如朝露立見消化。

至此保羅已畢其勸勉及問安，故循例加以祝福。

二十一節　據斯台夫云，本書內多要道，保羅撰迄，必先讀於哥林多教會，讀畢，伊等亦必署名問羅馬教會之安，此21—24之言所由來也。提摩太　閱徒20 4，知其當時與保羅同在，哥林多後腓立比等保羅函件，首節請安，亦有提摩太之名，惟寄書未識之人則祗此有之也。　路求　耶遜　瑣西巴德　或爲徒 13 1 17 5—7 20 4 所提者，否，無從考稽。

二十二至二十四節　德丟　行三之意，見他人問安，遂不待保羅口述，自行副署。迦猶　林前1 14所言，想卽其人，今保羅寓其家。全會　時哥林多教會亦聚集其家，在此未言哥林多教會問安，因已括於十六節內。以拉都　既爲會中要人，自必附筆。括士　行四之意，按原文前有指件字，必爲羅馬教會已識之信徒。

第四支　頌讚 16 25—27

經文 惟(二五) 神能堅爾衆，依我福音，及所宣之耶穌基督，並依所啟之奧秘卽自永古存於靜默者，(二六)今依永有 神之命，藉諸先知之書，昭著，以示萬國，致因信而服，順由耶穌基督，(二七)歸榮於獨一睿智之 神，永世靡暨，阿們。

保羅諸書皆以親筆結語爲記，帖後3 17 此末三節，諒亦保羅手迹。

解釋 二十五節 惟 神能堅爾衆由1 11知保羅所以渴望至羅馬者，欲有以堅之也，茲不果去，故致函而求神 依“我福音”使爾堅定，至贊以“所宣之耶穌基督”者，爲明福音大旨，雖曰我之福音，卻論耶穌基督。依所啟之奧秘原文無三漢譯所冠之並或又，知此爲上“福音”之對解句。“奧秘”見弗3 3 6卽異邦人同爲 神之嗣子，此道對於當時極關重要，保羅切願羅馬教會依此組織，以免有加拉太教會之失足及他處之擾亂，且免如希伯來教會失依主得救惟一之正途。自永古存於靜默者 神雖預知猶太異邦將同信基督得救，但古人未能透悉，迨主升天而後，始使人暢曉其旨。徒10 34 35 11 18 15 7 加1 16

二十六節 本節順原文序譯，當作“今(此奧秘)已昭著，且藉諸先知之書，依永有 神之命，爲

羅馬書釋義 二百三十三

致由信之順服，見知於諸異族。τὰ ἔθνη"本節每句皆以奧秘爲主體"今"指福音傳播之後。徒10上11 1 20先言此奧秘昭著之方法，(一)使徒"藉諸先知之書"宣佈異邦，因救主生世，訓徒，遇難，復起，皆依聖經所言。福音書出世，既較本書爲晚，若不依據舊約，何以有徵而使民從。(二)"依永有　神之命"使徒恪遵主命，徧傳眞道，太28 19 20保羅亦爲此特受厥命。徒22 21繼言其昭著之目的，(一)爲使人之順服皆生於信仰，1 5不生於守律。(二)爲使"諸異族"知之，不從人之意見，徒15 5有一行律之順服，乃從　神之元旨有一由信之順服。

二十七節　由淺文可略見原文聯貫之難．大要言救人深意由於"獨一睿智之　神，"榮當歸之，11 36而此意得成實事，則藉"耶穌基督"故保羅願榮之歸　神，亦藉耶穌基督，蓋神所有施賚，既由耶穌一路而降，而人榮謝歸　神，尙可舍此路而弗由乎。

羅馬書釋義終

Alford	啊勒夫	啊
Augustine	奥革司聽	奥
Bauer	包爾	
Calvin	喀勒分	喀
Clement	革利免	革
Chrysostom	盔搜呑	盔
Godet	勾德	勾
Hort	后爾德	后
Ignatius	伊那書	
Jerome	耶柔米	柔
Jowett	趙維特	
Justin Martyr	遮司聽瑪特耳	遮
Luther	路得	路
Marcion	瑪西安	
Meyer	邁爾	邁
Moffat	茂法他	茂
Muratorian	謀拉透利	
Nicea	奈西亞	
Œcumenius	伊枯米奴	枯
Origen	阿利金	金
Philo	非羅	
Polycarp	怕利喀	
Riddle	李德泐	
Sanday	三德	三
Septuagint	七十繙譯	LXX
Stifler	斯台夫	
Syriac	敍利亞	敍
Tertullian	特特連	特
Vulgate	俗拉丁	俗拉
Westcott	維思叩	維
Weymouth	韋昂	昂

羅馬書釋義正誤表

面	行	字	誤	正
四古卷	六	二九	乃	B
三一	七	三四	眞	直
三五	一	二八	於	於
四七	五	一五	遂	逐
四八	四	二四至二五	穌耶	耶穌
四九	九	七至八	惡何	何惡
五一	七	一三	行	(行)
五八	八	八至九	罕拉	拉罕
六五	一	四		裔
八一	一二	四至五	之義	義之
一〇一	一〇	四	闢	關
一〇九	一一	三至五	15/25發	發15/25
二一四	七	三二	已	已
二二七	一二	三三	與	無

《基督教文化研究丛书》

主编：何光沪、高师宁

（1-9 编书目）

初　编

（2015 年 3 月出版）

ISBN：978-986-404-209-8　　定价（台币）$28,000 元

册　次	作　者	书　名	学科别（／表示跨学科）
第 1 册	刘　平	灵殇：基督教与中国现代性危机	社会学／神学
第 2 册	刘　平	道在瓦器：裸露的公共广场上的呼告——书评自选集	综合
第 3 册	吕绍勋	查尔斯·泰勒与世俗化理论	历史／宗教学
第 4 册	陈　果	黑格尔"辩证法"的真正起点和秘密——青年时期黑格尔哲学思想的发展（1785 年至 1800 年）	哲学
第 5 册	冷　欣	启示与历史——潘能伯格系统神学的哲理根基	哲学／神学
第 6 册	徐　凯	信仰下的生活与认知——伊洛地区农村基督教信徒的文化社会心理研究（上）	社会学
第 7 册	徐　凯	信仰下的生活与认知——伊洛地区农村基督教信徒的文化社会心理研究（下）	
第 8 册	孙晨荟	谷中百合——傈僳族与大花苗基督教音乐文化研究（上）	基督教音乐
第 9 册	孙晨荟	谷中百合——傈僳族与大花苗基督教音乐文化研究（下）	

第 10 册	王　媛	附魔、驱魔与皈信——乡村天主教与民间信仰关系研究	社会学
	蔡圣晗	神谕的再造，一个城市天主教群体中的个体信仰和实践	社会学
	孙晓舒 王修晓	基督徒的内群分化：分类主客体的互动	社会学
第 11 册	秦和平	20 世纪 50－90 年代川滇黔民族地区基督教调适与发展研究（上）	历史
第 12 册	秦和平	20 世纪 50－90 年代川滇黔民族地区基督教调适与发展研究（下）	
第 13 册	侯朝阳	论陀思妥耶夫斯基小说的罪与救赎思想	基督教文学
第 14 册	余　亮	《传道书》的时间观研究	圣经研究
第 15 册	汪正飞	圣约传统与美国宪政的宗教起源	历史／法学

二　编

（2016 年 3 月出版）

ISBN：978-986-404-521-1　　定价（台币）$20,000 元

册　次	作　者	书　名	学科别（／表示跨学科）
第 1 册	方　耀	灵魂与自然——汤玛斯·阿奎那自然法思想新探	神学／法学
第 2 册	劉光顺	趋向至善——汤玛斯·阿奎那的伦理思想初探	神学／伦理学
第 3 册	潘明德	索洛维约夫宗教哲学思想研究	宗教哲学
第 4 册	孫　毅	转向：走在成圣的路上——加尔文《基督教要义》解读	神学
第 5 册	柏斯丁	追随论证：有神信念的知识辩护	宗教哲学
第 6 册	李向平	宗教交往与公共秩序——中国当代耶佛交往关系的社会学研究	社会学
第 7 册	張文舉	基督教文化论略	综合
第 8 册	趙文娟	侯活士品格伦理与赵紫宸人格伦理的批判性比较	神学伦理学
第 9 册	孫晨薈	雪域圣咏——滇藏川交界地区天主教仪式与音乐研究（增订版）（上）	基督教音乐
第 10 册	孫晨薈	雪域圣咏——滇藏川交界地区天主教仪式与音乐研究（增订版）（下）	
第 11 册	張　欣	天地之间一出戏——20 世纪英国天主教小说	基督教文学

三　编　（2017 年 9 月出版）

ISBN：978-986-485-132-4　　定价（台币）$11,000 元

册　次	作　者	书　名	学科别（／表示跨学科）
第 1 册	赵　琦	回归本真的交往方式——托马斯·阿奎那论友谊	神学／哲学
第 2 册	周兰兰	论维护人性尊严——教宗若望保禄二世的神学人类学研究	神学人类学
第 3 册	熊径知	黑格尔神学思想研究	神学／哲学
第 4 册	邢　梅	《圣经》官话和合本句法研究	圣经研究
第 5 册	肖　超	早期基督教史学探析（西元 1~4 世纪初期）	史学史
第 6 册	段知壮	宗教自由的界定性研究	宗教学／法学

四　编　（2018 年 9 月出版）

ISBN：978-986-485-490-5　　定价（台币）$18,000 元

册　次	作　者	书　名	学科别（／表示跨学科）
第 1 册	陈卫真 高　山	基督、圣灵、人——加尔文神学中的思辨与修辞	神学
第 2 册	林庆华	当代西方天主教相称主义伦理学研究	神学／伦理学
第 3 册	田燕妮	同为异国传教人：近代在华新教传教士与天主教传教士关系研究（1807 ~ 1941）	历史
第 4 册	张德明	基督教与华北社会研究（1927 ~ 1937）（上）	社会学
第 5 册	张德明	基督教与华北社会研究（1927 ~ 1937）（下）	
第 6 册	孙晨荟	天音北韵——华北地区天主教音乐研究（上）	基督教音乐
第 7 册	孙晨荟	天音北韵——华北地区天主教音乐研究（下）	
第 8 册	董丽慧	西洋图像的中式转译：十六十七世纪中国基督教图像研究	基督教艺术
第 9 册	张　欣	耶稣作为明镜——20 世纪欧美耶稣小说	基督教文学

五　编

（2019 年 9 月出版）

ISBN：978-986-485-809-5

定价（台币）$20,000 元

册　次	作　者	书　名	学科别（／表示跨学科）
第 1 册	王玉鹏	纽曼的启示理解（上）	神学
第 2 册	王玉鹏	纽曼的启示理解（下）	
第 3 册	原海成	历史、理性与信仰——克尔凯郭尔的绝对悖论思想研究	哲学
第 4 册	郭世聪	儒耶价值教育比较研究——以香港为语境	宗教比较
第 5 册	刘念业	近代在华新教传教士早期的圣经汉译活动研究（1807～1862）	历史
第 6 册	鲁静如 王宜强 编著	溺女、育婴与晚清教案研究资料汇编（上）	资料汇编
第 7 册	鲁静如 王宜强 编著	溺女、育婴与晚清教案研究资料汇编（下）	
第 8 册	翟风俭	中国基督宗教音乐史（1949 年前）（上）	基督教音乐
第 9 册	翟风俭	中国基督宗教音乐史（1949 年前）（下）	

六　编

（2020 年 3 月出版）

ISBN：978-986-518-085-0

定价（台币）$20,000 元

册　次	作　者	书　名	学科别（／表示跨学科）
第 1 册	陈倩	《大乘起信论》与佛耶对话	哲学
第 2 册	陈丰盛	近代温州基督教史（上）	历史
第 3 册	陈丰盛	近代温州基督教史（下）	
第 4 册	赵罗英	创造共同的善：中国城市宗教团体的社会资本研究——以 B 市 J 教会为例	人类学
第 5 册	梁振华	灵验与拯救：乡村基督徒的信仰与生活（上）	人类学
第 6 册	梁振华	灵验与拯救：乡村基督徒的信仰与生活（下）	
第 7 册	唐代虎	四川基督教社会服务研究（1877～1949）	人类学
第 8 册	薛媛元	上帝与缪斯的共舞——中国新诗中的基督性（1917～1949）	基督教文学

七　编

（2021 年 3 月出版）

ISBN：978-986-518-381-3

定价（台币）$22,000 元

册　次	作　者	书　名	学科别（／表示跨学科）
第 1 册	刘锦玲	爱德华兹的基督教德性观研究	基督教伦理学
第 2 册	黄冠乔	保尔．克洛岱尔天主教戏剧中的佛教影响研究	宗教比较
第 3 册	宾静	清代禁教时期华籍天主教徒的传教活动（1721～1846）（上）	基督教历史
第 4 册	宾静	清代禁教时期华籍天主教徒的传教活动（1721～1846）（下）	
第 5 册	赵建玲	基督教"山东复兴"运动研究（1927～1937）（上）	基督教历史
第 6 册	赵建玲	基督教"山东复兴"运动研究（1927～1937）（下）	
第 7 册	周浪	由俗入圣：教会权力实践视角下乡村基督徒的宗教虔诚及成长	基督教社会学
第 8 册	查常平	人文学的文化逻辑——形上、艺术、宗教、美学之比较（修订本）（上）	基督教艺术
第 9 册	查常平	人文学的文化逻辑——形上、艺术、宗教、美学之比较（修订本）（下）	

八　编

（2022 年 3 月出版）

ISBN：978-986-404-209-8

定价（台币）$45,000 元

册　次	作　者	书　名	学科别（／表示跨学科）
第 1 册	查常平	历史与逻辑：逻辑历史学引论（修订本）（上）	历史学
第 2 册	查常平	历史与逻辑：逻辑历史学引论（修订本）（下）	
第 3 册	王澤偉	17～18 世紀初在華耶穌會士的漢字收編：以馬若瑟《六書實義》為例（上）	语言学
第 4 册	王澤偉	17～18 世紀初在華耶穌會士的漢字收編：以馬若瑟《六書實義》為例（下）	
第 5 册	刘海玲	沙勿略：天主教东传与东西方文化交流	历史
第 6 册	郑媛元	冠西东来——咸同之际丁韪良在华活动研究	历史

第 7 册	刘影	基督教慈善与资源动员——以一个城市教会为中心的考察	社会学
第 8 册	陈静	改变与认同：瑞华浸信会与山东地方社会	社会学
第 9 册	孙晨荟	众灵的雅歌——基督宗教音乐研究文集	基督教音乐
第 10 册	曲艺	默默存想，与神同游——基督教艺术研究论文集（上）	基督教艺术
第 11 册	曲艺	默默存想，与神同游——基督教艺术研究论文集（下）	
第 12 册	利瑪竇著、梅謙立漢注 孫旭義、 奧覓德、 格萊博基譯	《天主實義》漢意英三語對觀（上）	经典译注
第 13 册	利瑪竇著、梅謙立漢注 孫旭義、 奧覓德、 格萊博基譯	《天主實義》漢意英三語對觀（中）	
第 14 册	利瑪竇著、梅謙立漢注 孫旭義、 奧覓德、 格萊博基譯	《天主實義》漢意英三語對觀（下）	
第 15 册	刘平	明清民初基督教高等教育空间叙事研究——中国教会大学遗存考（第一卷）（上）	资料汇编
第 16 册	刘平	明清民初基督教高等教育空间叙事研究——中国教会大学遗存考（第一卷）（下）	

九　编

（2023 年 3 月出版）

ISBN：000-000-000-000-0

定价（台币）$56,000 元

册　次	作　者	书　名	学科别 （／表示跨学科）
第 1 册	郑松	麦格拉思福音派神学思想研究	神学
第 2 册	任一超	心灵改变如何可能？——从康德到齐克果	基督教哲学
第 3 册	劉沐比	論趙雅博基本倫理學和特殊倫理學之串連	基督教伦理学
第 4 册	王务梅	论马丁·布伯的上帝观	基督教与犹太教

第 5 册	肖音	明末吕宋之中西文化交流（上）	教会史
第 6 册	肖音	明末吕宋之中西文化交流（下）	
第 7 册	张德明	基督教五年运动与民国社会（上）	教会史
第 8 册	张德明	基督教五年运动与民国社会（下）	
第 9 册	陈铃	落幕：美国新教在华传教事业的终结（1945 ~ 1952）	教会史
第 10 册	黄畅	全球史视角下基督教在英国殖民统治中的作用——以 1841 ~ 1914 年的香港和约鲁巴兰为例	教会史
第 11 册	杨道圣	言像之辩：基督教的图像与图像中的基督教	基督教艺术
第 12 册	張雅斐	晚清聖經人物漢語傳記研究——以聖經在華接受史的視角	基督教艺术
第 13 册	包兆会	缪斯与上帝的相遇——基督宗教文艺研究论文集	基督教文学
第 14 册	张欣	浪漫的神学：英国基督教浪漫主义略论	基督教文学
第 15 册	刘平	明清民初基督教高等教育空间叙事研究——中国教会大学遗存考（第二卷：福建协和神学院）	资料汇编
第 16 册	刘平、赵曰北主编	传真道于中国——赫士及华北神学院百年纪念文集（第一册）	论文集
第 17 册	刘平、赵曰北主编	传真道于中国——赫士及华北神学院百年纪念文集（第二册）	
第 18 册	刘平、赵曰北主编	传真道于中国——赫士及华北神学院百年纪念文集（第三册）	
第 19 册	刘平、赵曰北主编	传真道于中国——赫士及华北神学院百年纪念文集（第四册）	
第 20 册	刘平、赵曰北主编	传真道于中国——赫士及华北神学院百年纪念文集（第五册）	